NEUVAINE AU SACRÉ-CŒUR

PRÉCÉDÉE D'UNE ÉTUDE SUR LE CŒUR DE JÉSUS DANS L'EUCHARISTIE SUIVIE DE L'ADORATION DU SACRÉ-CŒUR

R.P ALBERT TESNIÈRE

ALICIA ÉDITIONS

« *La dévotion au cœur de Jésus vivant et nous aimant dans le Très Saint-Sacrement est le culte souverain de l'amour. Elle est l'âme de toute la religion et son centre, car la religion n'est que la loi, la vertu et la perfection de l'amour. Et le Sacré-Cœur en est la grâce, le modèle et la vie.* »

— P.J. EYMARD, FONDATEUR DE LA CONGRÉGATION DU SAINT-SACREMENT ET DES SERVANTES DU SAINT-SACREMENT DÉDIÉES À L'ADORATION EUCHARISTIQUE.

TABLE DES MATIÈRES

ÉTUDE SUR LE CŒUR DE JÉSUS DANS
L'EUCHARISTIE 1
LA SOIF DU SACRÉ-CŒUR 12

NEUVAINE AU CŒUR ADORABLE DE JÉSUS EUCHARISTIE

PREMIER JOUR 23
LE CŒUR DE JÉSUS, INSPIRATEUR DE L'EUCHARISTIE.

DEUXIÈME JOUR 25
LE SACRÉ-CŒUR VIVANT EN L'EUCHARISTIE.

TROISIÈME JOUR 28
LE SACRÉ-CŒUR VEUT ÊTRE AIMÉ AU SAINT-SACREMENT.

QUATRIÈME JOUR 31
LE SACRÉ-CŒUR VEUT ÊTRE ADORÉ AU SAINT-SACREMENT.

CINQUIÈME JOUR 35
LE CŒUR DE JÉSUS VEUT ÊTRE HONORÉ AU SAINT-SACREMENT

SIXIÈME JOUR 38
LE SACRÉ-COEUR VEUT LA RECONNAISSANCE AU TRES SAINT-SACREMENT.

SEPTIÈME JOUR 41
LE CŒUR DE JÉSUS RÉCLAME LA RÉPARATION AU TRÉS SAINT-SACREMENT

HUITIEME JOUR 45
LE CŒUR DE JÉSUS VEUT ÊTRE PRIÉ AU TRÈS SAINT-SACREMENT.

NEUVIÈME JOUR 48
CONFIANCE ! CONFIANCE ! CONFIANCE !

L'ADORATION DU SACRÉ-CŒUR 53
CONSÉCRATION AU CŒUR DE JÉSUS 66
AMENDE HONORABLE AU SACRÉ-CŒUR . . 69
LITANIES DU SACRÉ-CŒUR DE JÉSUS 74
LITANIES DU SAINT-SACREMENT 77

ÉTUDE SUR LE CŒUR DE JÉSUS DANS L'EUCHARISTIE

Nous voudrions faire aimer mieux l'Eucharistie en montrant le Cœur adorable qui y réside, qui la fait vivante, la rend si aimante et si aimable, si puissante et si patiente, si digne des complaisances du ciel et des désirs de la terre.

À vrai dire, l'Eucharistie et le Sacré-Cœur ne sont pas une seule et même chose, comme on l'entend répéter quelquefois : et la dévotion au Sacré-Cœur, à regarder de près, est distincte de la dévotion au Saint-Sacrement.

L'objet matériel de la première est le Cœur de Jésus, son Cœur de chair, considéré dans la triple phase de sa longue existence : dans sa vie mortelle, dans sa vie eucharistique, dans sa vie glorieuse au ciel ; son objet formel ou moral est tout l'amour que Jésus a tiré de son Cœur pour nous, en naissant, en vivant, en instituant l'Eucharistie, en mourant sur la Croix et en montant au Ciel nous préparer notre demeure éternelle. — L'objet matériel de la dévotion au Saint-Sacrement est l'humanité sainte, et par conséquent toute l'adorable personne de Jésus résidant en l'Eucharistie ; et son motif est l'amour qu'il nous y témoigne et le souvenir de sa Passion, qu'il nous y rappelle sans cesse, en l'y renouvelant chaque jour.

Ces deux dévotions sont donc distinctes dans leur objet : néanmoins, elles ont des points de contact si nombreux, elles se soutiennent et s'embrassent si étroitement l'une l'autre, qu'en pratique, si l'on veut atteindre à la perfection de l'une et de l'autre, il les faut confondre en une seule.

Nous croyons que les âmes dévotes au Sacré-Cœur gagneraient beaucoup à chercher toujours l'objet divin de leur amour dans le Sacrement qui le leur donne présent et vivant, qui le met devant leurs yeux, dans leurs mains, dans leurs poitrines. Nous croyons aussi que les âmes dévotes à l'Eucharistie trouveraient d'immenses profits à pénétrer au-delà de l'écorce des saintes Espèces, à descendre dans les profondeurs secrètes du Sacrement, au plus intime du Corps adorable, pour y découvrir le Cœur de Jésus, qui fait de l'Eucharistie un être vivant, aimé, dévoré d'amour, et menant pour Dieu et pour nous une vie pleine et débordante. Se contenter d'honorer le Sacré-Cœur dans les images qui le représentent, et ne pas savoir le trouver dans sa réalité eucharistique, c'est bien peu le comprendre : c'est négliger les deux objets principaux de la dévotion au Sacré-Cœur, le Cœur de chair de Jésus actuellement présent ici-bas, et le plus grand témoignage de son amour, l'Eucharistie. — Et ne pas savoir découvrir le Cœur de Jésus sous les froides espèces du Sacrement, c'est ne pas comprendre suffisamment l'Eucharistie : s'il n'a pas de Cœur, si nous n'y trouvons pas le Cœur de notre Sauveur, que peut bien être pour nous ce Sacrement ? Et si nous ne l'y rencontrons pas habituellement, comment l'aimerons-nous assez pour l'honorer et le servir comme il le mérite : quelle sera notre confiance à lui dire nos besoins, nos désirs et nos peines ?

Que l'on soit conduit par l'attrait du Sacré-Cœur ou par celui de l'Eucharistie, il faut donc, pour jouir de toutes les grâces que nous offrent ces deux grandes dévotions, arriver au Cœur de Jésus vivant au Saint-Sacrement, le savoir et l'y adorer, l'y honorer et s'unir à lui dans la communion.

Puissent les quelques points de doctrine que nous allons indiquer sur la présence, l'action et les effets du Cœur de Jésus dans l'Eucharistie, amener nos lecteurs plus facilement et plus fructueusement à ce Cœur de notre Dieu et de notre Sauveur, devenu si réellement nôtre par sa présence au Sacrement des autels !

II. — C'est un dogme de foi que Jésus est vivant au Saint-Sacrement dans toute l'intégrité de sa sainte humanité. Il y est avec son corps, avec son sang, avec son âme, avec sa divinité : *Christus totus !* Et il est vivant, car, dit saint Paul, « le Christ, depuis le jour de sa résurrection, est vivant, et il ne saurait plus mourir. » Au matin de Pâques, tout le sang que Jésus avait répandu durant sa passion à Gethsémani, dans le prétoire, sur le chemin du Calvaire, sur la croix, fut recueilli dans des vases d'or par des anges empressés à ce ministère de vie : il fut versé dans le Cœur de Jésus, et quand la sainte âme rentra dans son sanctuaire auguste, le Cœur de Jésus ranimé tressaillit : il lança ses flots vermeils dans les artères, il teignit les joues du Sauveur, décolorées par la mort, il recommença de battre dans la poitrine de Jésus d'un mouvement qui ne se doit plus arrêter jamais. Il anime le corps gracieux de Jésus dans la cité céleste. Et quand le prêtre consacre la sainte Hostie, c'est tout Jésus-Christ, toute la sainte humanité que ses paroles puissantes renferment sous le voile des espèces sacramentelles. Le corps du Sauveur y possède tous ses membres, tous ses organes ; ils sont tous animés par le sang qui jaillit du Cœur et qui les arrose de ses ondes vivifiantes. Il est vrai que cette vie corporelle, Jésus la réduit à un point, qu'il la soustrait à nos regards, qu'elle échappe à nos constatations ; il est vrai qu'elle n'est pas en rapport avec aucun des agents extérieurs et qu'elle n'a besoin pour s'exercer ni d'air qu'elle respire, ni de lieu où elle s'étende, ni de nourriture qui l'entretienne. C'est là le mystère profond de l'Eucharistie, que le Christ y soit tout entier, mais à la manière des substances, toute semblable à celle des esprits purs ; nous devons l'adorer dans une foi humble et soumise ; mais les ténèbres dont Jésus entoure son humanité au Sacrement ne doivent pas nous faire oublier qu'elle y est réellement, dans toute sa vérité, dans toute son intégrité, avec tous ses membres, tous ses organes, toute sa vie pleine, glorieuse, inaltérable.

Et le foyer de cette vie, la source du sang qui l'entretient, le lien de ces membres du Sauveur où brillent les cicatrices des cinq plaies, le centre de cette humanité eucharistique, c'est le Cœur de Jésus ; son Cœur de chair, consubstantiel à nos cœurs, formé du plus pur sang de Marie, qui réside vivant, palpitant dans chacune des Hosties consacrées de nos autels et dans toutes les parties qui s'en détachent. — L'Hostie n'est pas le Cœur seul de Jésus : mais sans ce Cœur, il n'y aurait pas d'Hostie.

L'Hostie est Jésus, dans l'intégrité de son humanité : cette humanité repose sur son Cœur, duquel découle toute la vie, dit l'Écriture, et qui est le premier organe qui vit en nous et le dernier qui y meurt, selon l'axiome des philosophes. Sachons cela et sachons-le bien. L'Hostie est la personne adorable de Jésus. Elle est sa divinité, son âme et son corps ; son corps véritable, parfait, intégral : prosterné devant l'Hostie, je puis baiser en esprit les pieds de Jésus et ses mains adorables ; j'ai le droit d'aspirer jusqu'au baiser de sa bouche ; je puis contempler en esprit son doux visage : ses yeux sont ouverts sur moi, ses oreilles tendues à ma prière : comment négligerais-je son Cœur, son doux Cœur, où est née la pensée de l'Eucharistie, qui a porté le Sauveur à l'instituer, à perpétuer pour moi la présence réelle ; qui chaque jour m'offre le pain de ma communion ; et qui à cette heure même, maintenant, est embrasé par moi d'un amour infini, tendre, patient, attristé peut-être, et tourmenté parce que je ne comprends pas son amour, sa présence et sa vérité ?

III. — Le Cœur de Jésus en l'Hostie est à la fois divin et humain ; il est fini et infini ; créé et incréé ; c'est-à-dire qu'en sa nature et en son origine, c'est un Cœur d'homme, formé de chair : mais en son terme, il est uni personnellement au Verbe de Dieu, et il est devenu, et il demeure le Cœur du Verbe : à la fois Cœur du Fils de Dieu et Cœur du Fils de Marie. La seconde personne de la sainte Trinité se l'est uni hypostatiquement, c'est-à-dire qu'elle en a fait son membre, son organe à jamais. Par là, elle a élevé ce simple viscère créé et matériel, au-dessus des substances spirituelles et angéliques. Il est le Cœur de Dieu, sans aucune hyperbole : sa dignité, sa valeur, son prix sont littéralement infinis, par suite de cette assomption merveilleuse, de cette appropriation au Verbe. Par suite, ce Cœur est élevé à faire les opérations infinies du Verbe lui-même, et il mérite les hommages qui ne sont dus qu'à Dieu seul. Le Verbe nous aime de son amour éternel par ce Cœur ; il nous connaît de sa science infinie par ce Cœur ; il nous veut tout bien par ce Cœur. Il aime son Père par ce Cœur ; il lui offre son culte infini d'adoration, de louanges, de prière, de propitiation, par ce Cœur. Et ces choses merveilleuses, ces opérations infinies, cette vie multiple se passent dans chacune des Hosties de nos Tabernacles, dans le silence profond, dans la solitude oubliée où nous les abandonnons trop souvent, hélas !

Mais ce Cœur de Jésus réclame dans chacun de ces sanctuaires, sous ces tentes de froment, un culte divin, le culte de l'adoration suprême de latrie. Nous devons reconnaître qu'il est le Cœur du Verbe, substantiellement uni à la nature divine dans la personne du Verbe : dès lors, le contempler revêtu de la majesté même de Dieu, saint de la sainteté infinie de Dieu, bon de la bonté même de Dieu : organe de la charité infinie ; la vie, l'amour, la miséricorde incréés. Et nous devons l'adorer de l'adoration due à Dieu lui-même ; l'aimer de l'amour absolu que mérite Dieu seul, et lui attribuer, lui offrir toutes les louanges humaines et angéliques, et celles mêmes que le Christ en tant qu'homme donne à Dieu.

En même temps, c'est un Cœur humain, créé, formé du sang de Marie ; il a eu un commencement, un progrès, et il est maintenant dans un état stable et inaltérable. Comme tel, il a un passé, une histoire : sa vie mortelle ; de plus, une double vie actuelle, celle qu'il mène au Saint-Sacrement et celle qu'il déploie dans la splendeur des Saints. Sa vie passée se compose de tout ce que fit le Verbe incarné sur la terre : c'est le Cœur de Jésus, ce Cœur actuellement dans l'Hostie, qui anima la vie de Jésus durant les neuf mois qu'il passa dans le sein de sa mère ; c'est lui qui battait dans sa poitrine lorsqu'il naquit à Bethléem, et qui souffrit alors le froid, qui s'émut et versa des larmes ; lui qui s'attacha à sa mère, se remplit de reconnaissance pour ses soins dévoués et devint le Cœur du plus tendre et du meilleur des fils. C'est en ce Cœur que fleurirent les vertus de douceur, d'obéissance et d'humilité qui embaumèrent la vie de prière cachée et perpétuelle de Nazareth. C'est de ce Cœur que jaillirent toutes les paroles du ministère public du Sauveur : paroles de vérité, paroles de miséricorde et de pardon, paroles de menace quelquefois, contre les hypocrites et les endurcis. Le *Pater* a été composé. C'est ce Cœur qui s'attendrissait à la vue des misères morales et physiques de tout un peuple ; qui pleura sur Lazare, sur Jérusalem son ingrate patrie ; qui s'émut à la vue de la veuve désolée de Naïm. C'est ce Cœur qui souffrit les désolations de l'Agonie, la honte et les douleurs de l'abandon des siens, du reniement de Pierre et de la trahison de Judas ; qui fut attristé des douleurs de sa mère et ému de compassion sur le bon larron. Enfin c'est ce Cœur qui donna sa dernière pulsation quand le Sauveur accomplit le grand acte de sa mort. Le soldat le transperça de sa lance, et les sacrements en sortirent sous les symboles du sang qui nourrit et de l'eau qui régénère.

Telle est l'histoire de ce Cœur et son passé glorieux : il n'en répudie ni une pensée, ni une parole, ni un acte : tout y fut amour, dévouement, salut. De ce passé il nous applique les fruits au Sacrement. Nous devons le connaître, le rappeler souvent au Cœur de Jésus, quand nous l'adorons en l'Eucharistie ; il nous aidera à mieux comprendre le présent : la vie mortelle de Jésus est la lumière de sa vie eucharistique.

IV. — La vie eucharistique du Cœur de Jésus a commencé à la première consécration de la Cène. Dès qu'il se tint dans ses mains sous les espèces du pain changé en lui-même, le Cœur de Jésus commença une nouvelle existence. Il prit l'état anéanti du Sacrement auquel se réduisait la sainte humanité et il y est le principe de la vie eucharistique ou sacramentelle du Sauveur présent sous les espèces du pain. Cette vie il la continue sous nos yeux, ou plutôt à notre insu, tant sa retraite est profonde, encore que nous sachions très distinctement où elle se passe, et que nous puissions préciser sa demeure, l'espace qui la contient et plusieurs des lois auxquelles elle est soumise.

La vie du Cœur de Jésus en l'Eucharistie est une vie de victime parfaite, et par conséquent d'immolation absolue : elle ne se manifeste au-dehors par aucun signe : ni par une pulsation, ni par un son, ni par le mouvement des organes, ni par la coloration des chairs, ni par la chaleur vitale : rien ! Il vit, il bat, il palpite, il anime la plus parfaite des vies mais en même temps il l'a réduit à rien, l'ensevelit dans l'inertie et la mort extérieure, afin de la transformer en holocauste parfait d'adoration et d'expiation.

C'est la vie intérieure qui convient au Pontife du Très-Haut : il sait tous les droits de Dieu, tous les devoirs de l'humanité ; il assume la tâche d'égaler les devoirs de l'homme aux exigences de Dieu : et il offre en son nom et au nom de tous les hommes un sacrifice infini, incessant, d'une valeur digne de la majesté divine : le sacrifice de l'adoration, de l'action de grâce, de la réparation, de la prière. Ce Cœur adore au nom de tous, et donnant à ceux qui adorent avec lui ce qui manque à leurs adorations pour être dignes de Dieu, il adore à la place de ceux qui n'adorent pas : complément et supplément de l'humanité dans ses devoirs envers Dieu. — Pas un bienfait ne descend du sein trop plein de la bonté divine, que ce Cœur reconnaissant ne le voie, ne l'accepte comme sien propre, assume la dette et ne la paie en remerciements infinis, supérieurs au bienfait lui-même. — Pas un péché n'est commis qu'aussitôt ce Cœur ne s'émeuve, n'offre son amour, sa pureté, son sang pour le réparer, apaiser la justice divine et obtenir le pardon des coupables. — Attentif à tous les besoins de l'humanité, avant même que le pauvre ait demandé son pain de chaque jour, avant que l'affligé ait présenté ses larmes au Dieu de toute consolation, le Cœur de Jésus, sentinelle toujours vigilante, a poussé le cri de détresse : il a prié, il a obtenu le pain du corps et le pain de l'âme. Pas une grâce ne vient du trésor céleste sinon par lui, aucune prière ne s'élève jusqu'au trône de Dieu sinon qu'elle vienne d'abord se poser dans le Cœur eucharistique de Jésus, pour de là s'envoler, portée sur les ailes de la prière de Jésus lui-même, jusqu'au sein de la Bonté infinie.

Le Cœur du Christ eucharistique est donc le Cœur du Pontife, de l'avocat, du médiateur, envers Dieu. Vis-à-vis de nous, il exerce toutes les charges de l'amour. C'est un cœur de mère, de père, de pasteur : car il nous nourrit, nous protège, nous guide ; il a toutes les tendresses et toutes les patiences de l'amour maternel ; il a toutes les énergies de l'amour paternel ; et c'est en pasteur dévoué que Jésus veille de la tente du Tabernacle sur les agneaux et sur les brebis, les défendant contre les loups du monde et de l'enfer, les réchauffant sur son sein, les appelant à sa suite et marchant devant elles aux gras pâturages, aux eaux pures.

C'est un cœur de frère, d'ami, d'époux. Cœur de frère, car il a un même père aux Cieux, une même mère sur la terre que nous, Dieu le Père et Marie ; cœur de frère, car il est de la même origine, de la même chair, du même sang que nous ; cœur d'ami, car il se fait notre égal, nous découvre ses secrets, nous fait partager tous ses biens ; il consent à se réjouir de nos joies, à s'attrister de nos maux ; il sollicite nos épanchements intimes et il semble mettre un grand prix aux familiarités respectueuses de l'amitié la plus étroite. C'est aussitôt qu'il a institué l'Eucharistie et qu'il s'est donné en Sacrement, que son Cœur s'écrie avec transport : « Désormais je vous appellerai mes amis, car tout ce que j'ai reçu je vous l'ai donné ! » Cœur d'époux qui met en commun tous ses biens : qui donne son nom, ses biens, sa vie, son amour, et cela pour toujours, à toutes les âmes qui, baptisées dans son sang, veulent s'unir à lui dans l'hymen sacré de la communion.

Tous ces titres, le Cœur eucharistique les mérite : il en possède les propriétés, il en exerce les vertus, il en produit les effets ; qu'on y fasse attention, c'est actuellement, tous les jours, devant tous et pour chacun, que ce Cœur offre dans l'Eucharistie les preuves évidentes de son amour de mère et de père, de frère et d'ami, de pasteur et d'époux.

V. — Il y a quelque chose de plus. Non content de vivre pour son Père et pour nous au Tabernacle, le Cœur de Jésus a faim de se communiquer, de se donner à ceux qu'il aime : et il nous aime tous : les justes dont la voie est sans tache, et les pauvres pécheurs qui sortent des fanges du péché pour rentrer dans les sentiers de la justice. La communion est le dernier prodige, le fruit mûr du Cœur eucharistique. Ce ne lui serait pas assez de penser à nous, de veiller sur nous, de s'offrir pour nous, s'il ne se livrait à chacun en toute réalité. Et ce prodige, seul le Cœur eucharistique le réalise. La communion est le don du Cœur de Jésus, la preuve de son amour personnel et sans réplique.

« Ô Seigneur, qu'est-ce donc que l'homme pour que vous le traitiez si magnifiquement, et daigniez appliquer votre Cœur contre son pauvre cœur ? »

Voulez-vous contempler les merveilleux effets de cette communication du Cœur de Jésus dans l'Eucharistie ? — Voyez Jean sur le Cœur de Jésus à la Cène : « Heureux Apôtre, s'écrie l'Église, que l'on ne saurait trop louer, trop envier ! Dans ce contact, son esprit boit à longs traits la lumière et la vérité : il entrevoit le mystère du Verbe dans le sein du Père ; il lit les destinées de l'Église ; il écoute la sublime dictée de son Évangile ; et comme personne ne connaît bien le Père si ce n'est le Fils, parce que le Fils vit en son sein, ainsi personne n'a parlé aussi bien du Fils que ce disciple qui s'est reposé sur son cœur à la communion du cénacle. Son cœur s'y est rempli d'amour, de mansuétude ; il a appris là et savouré les lois de la charité, qu'il traduisait jusqu'à son extrême vieillesse par son doux : « Aimez-vous les uns les autres. »

Et si vous n'osez prétendre à ces faveurs, parce que vous n'êtes pas de ceux dont Jésus a trouvé l'âme virginale, ô pauvres pécheurs, le Cœur de Jésus ne vous repousse pas. Il est à vous aussi ; venez ; avec le prodigue, levez-vous, confessez vos péchés. Ils vous sont pardonnés ! Mais les haillons de vos misères vous recouvrent encore, vous portez les traces visibles de vos égarements ; Jésus ne vous rejettera pas pour cela ! Comme le père du prodigue, il vient au-devant de vous à la Table sainte, il vous presse sur son Cœur ; vous vous accusez encore, il a tout oublié ; et dans cette étreinte qui vous fait verser de si douces larmes, vous retrouvez la paix, la joie, l'assurance de votre pardon : oh ! que le

Cœur de Jésus est bon, réchauffant, fortifiant, en cette communion, qui fait du retour de l'égaré la plus chère des joies de sa vie !

Justes ou pécheurs, accourons donc tous au Sacrement qui nous donne le Cœur de Jésus pour nous y reposer, nous y refaire, y goûter les joies de l'innocence récompensée ou celles du repentir accepté.

VI. — Enfin le Cœur de Jésus reçu au moment de la communion devient véritablement nôtre, et nous pouvons, nous devons en user, nous en servir, pour aimer Dieu, pour pratiquer la vertu, pour embrasser le sacrifice : ce Cœur doit animer notre vie surnaturelle toute entière. C'est la réalisation de la prophétie : « Je vous enlèverai votre cœur de pierre et vous donnerai un cœur de chair, » sensible et aimant. L'étonnant échange, aussi vrai que merveilleux ! C'est un don, un don irrévocable que Jésus nous fait de son Cœur à la communion. Tant que les espèces eucharistiques demeurent en notre poitrine, nous possédons en réalité le Cœur de chair de Jésus : il aime, prie, adore, et veut en nous : c'est notre devoir d'unir notre cœur tiède et timide, égoïste et aveugle, au Cœur de Jésus, de le perdre dans le sien, pour aimer Dieu notre Père d'une manière digne de lui. Puis les espèces consumées, le Cœur de chair de Jésus disparaît avec le sacrement ; mais Jésus continuant de demeurer spirituellement en nous pour nous faire vivre de sa propre vie, nous restons spirituellement et très réellement unis à son Cœur, qui aime, agit, souffre, mérite en nous : notre vie conduite à sa lumière, recevant ses influences, sera vraiment surnaturelle. Saint Bernard comprenait ce don du Cœur de Jésus dans la communion quand il écrivait ces paroles d'ardente confiance : « Puisque nous avons eu le bonheur de nous approcher du Cœur très doux de Jésus, et qu'il est bon de demeurer en lui, ne nous en laissons pas séparer. Qu'il est doux, qu'il est bon d'habiter en ce Cœur ! Trésor infini, perle précieuse, que ce Cœur que j'ai trouvé dans votre très sacré corps, Jésus ! Qui voudrait négliger un pareil trésor ? Loin de là, je donnerai tout, pensées, affections, cœur et esprit, pour l'acquérir et je m'abandonnerai à sa conduite. Ce Cœur est un temple, un sanctuaire, l'Arche du Testament : et c'est là que je viendrai pour prier, adorer, louer le nom du Seigneur, disant avec David : « *J'ai trouvé mon cœur pour prier mon Dieu.* » Oui certes j'ai trouvé, je me suis acquis le Cœur de mon Roi, de mon frère, de mon fidèle ami, le Cœur de mon Jésus ! Qu'est-ce qui m'empêcherait désormais de prier avec confiance : mon cœur est de lui-même hésitant, ne sachant pas prier : mais j'ai maintenant à moi le Cœur de Jésus : *Cor enim illius meum est.* Si le Christ est ma tête, si je suis son membre, comment tout ce qui est à lui, ne serait-il pas à moi ? C'est donc avec votre Cœur, ô très doux Jésus, ce Cœur qui est vôtre et mien ensemble, que je vous prierai, car vous êtes mon Dieu. Laissez pénétrer mes prières dans ce sanctuaire où vous exaucez toujours ; davantage, attirez-moi tout entier dans votre Cœur, et que j'y habite jusqu'au dernier jour de ma vie ! »

VII. — Nous savons maintenant ce qu'est le Cœur de Jésus en l'Eucharistie : c'est son cœur d'homme véritable, qui y anime sa vie sacramentelle ; il y est un cœur divin et un cœur humain ; il y accomplit vis-à-vis du Père les devoirs d'un pontife parfait et d'une victime toujours immolée ; et vis-à-vis de nous c'est le cœur d'un père et d'une mère, d'un frère, d'un époux, d'un ami. Non content de vivre pour nous au Tabernacle, il nous attire à lui et se donne à nous dans la communion ; et ce don est stable, il nous est fait pour que nous vivions, aimions, agissions surnaturellement en lui et par lui : que reste-t-il, sinon d'indiquer en quelques mots les devoirs que nous imposent et la présence et le don du Cœur de notre Sauveur dans l'Eucharistie ?

1° Il faut le connaître, le reconnaître explicitement dans le Sacrement ; pénétrer jusqu'à lui par la pensée, et venir l'adorer dans les Tabernacles où il nous aime et nous attend. Donnons-lui du temps ; beaucoup de notre temps : nous ne saurions mieux l'employer. Il faut l'adorer, le louer de toutes ses grandeurs divines et humaines ; le remercier de toutes les preuves d'amour qu'il nous témoigne par ce don de l'Eucharistie, qu'il perpétue sur tous les autels au prix de si grands sacrifices et avec tant de profit pour nous.

2° Il faut avoir pour lui un amour cordial, une vraie tendresse, une confiance de fils, d'ami, de frère. C'est notre cœur qu'il veut, plus que tout le reste. Et nous le lui donnerons si nous sommes sympathiques à ses pensées, à ses intérêts, à ses affections. Oh ! que le Cœur de Jésus en l'Eucharistie veut de grandes choses pour la gloire de son père et le salut des hommes ! Il n'est là, en tant de Tabernacles, que pour procurer cette gloire, soutenir son Église, sauver les pécheurs, préserver les justes, s'offrir pour les pauvres âmes du Purgatoire ; entrons dans ses intérêts, joignons nos prières, notre amour et nos œuvres à son sacrifice, à son apostolat perpétuels.

3° Compatissons à ce Cœur délaissé, abandonné, méprisé. Sans doute, il est intérieurement inondé d'une joie inaltérable, plongé dans une béatitude sans mélange. Mais le péché, l'oubli, l'ingratitude, l'affectent pourtant d'une divine et inexplicable manière. Et ses plaintes à la bienheureuse Marie, nous devrions les entendre sortir, si nous aimions véritablement, de toutes les Hosties que nous adorons derrière la muraille d'or du Tabernacle, ou sous le cristal de l'ostensoir ; et surtout de cette Hostie de la communion, qui tombe en notre cœur pour solliciter notre compassion, nos larmes, notre amour, nos réparations. Oh ! que notre cœur soit doux au Cœur de Jésus méconnu, humilié, trahi et meurtri d'ingratitudes !

4° Faisons-nous un devoir de communier au Cœur sacré de Jésus toutes les fois que nous approchons de la Table sainte. Allons au-delà des apparences, entrons dans ce Corps eucharistique par la plaie entrouverte du côté, et découvrons-y le Cœur de notre Sauveur, source de sa vie mortelle sur la terre, de sa vie glorieuse au ciel et de sa vie eucharistique ; gage de sa perpétuité, foyer de tout l'amour que nous prodigue ce Sacrement adorable.

Puis, comme fruit de la communion, donnons au Cœur de Jésus l'empire sur notre cœur et sur notre vie ; qu'il tienne les rênes de nos pensées, de nos affections surtout ; soumettons-lui nos désirs et nos projets, afin qu'il les approuve et les bénisse ; que toutes nos peines lui soient bien fidèlement offertes, afin qu'il les adoucisse, les sanctifie, et les rende méritoires pour nous et pour le monde entier.

Enfin, que dire ? L'Eucharistie n'est Jésus vivant, Jésus aimant, Jésus aimable, Jésus qui se donne, Jésus qui comprend, que parce qu'elle contient véritablement et réellement son Cœur ; trouvons donc le Cœur de Jésus là où il est pour nous ; aimons-le où il nous aime : au très Saint-Sacrement !

LA SOIF DU SACRÉ-CŒUR

La bienheureuse Marguerite Marie rapporte que le 27 décembre 1764, jour de Saint Jean Évangéliste, elle eut une importante révélation touchant le Sacré-Cœur, et que le Divin Maître lui déclara que ce Cœur était dévoré d'une soif ardente d'être honoré dans le Saint-Sacrement.

Voici son récit :

« Un jour de Saint Jean l'Évangéliste, après avoir reçu de mon divin Sauveur une grâce à peu près semblable à celle que reçut le soir de la Cène le disciple bien-aimé, le Cœur divin me fut représenté comme sur un trône de feu et de flammes, rayonnant de tous côtés, plus brillant que le soleil et transparent comme un cristal. La plaie qu'il reçut sur la croix y paraissait visiblement ; il y avait une couronne d'épines autour de ce divin Cœur, et une croix au-dessus. Mon divin Maître me fit entendre... que dès le premier moment de son incarnation tous ses tourments lui avaient été présents et que ce fut dès ce moment que la croix fut, pour ainsi dire, plantée dans son Cœur ; qu'il accepta dès lors toutes les douleurs et humiliations que sa sainte humanité devait souffrir durant le cours de sa vie mortelle et même les outrages auxquels son amour pour les hommes l'exposait jusqu'à la fin des siècles dans le Saint-Sacrement.

« Mais voici cependant ce qui me causa une espèce de supplice, qui me fut plus sensible que toutes les autres peines dont j'ai parlé : c'est lorsque cet aimable Cœur me fut présenté avec ces paroles : J'ai une soif ardente d'être honoré des hommes dans le Saint-Sacrement, et je ne trouve presque personne qui s'efforce, selon mon désir, de me désaltérer, usant envers moi de quelque retour. »

Voilà deux cents ans que le Sacré-Cœur a déclaré sa soif brûlante, mais c'est depuis bien plus longtemps qu'il l'endure. Toutes les Hosties consacrées depuis la Cène jusqu'à ce jour, toutes les Hosties données aux âmes dans la communion, toutes les Hosties qui demeurent nuit et jour dans les tabernacles, toutes les Hosties qui bénissent et que l'on voit dans la splendeur de l'ostensoir, toutes disent : « *J'ai une soif ardente d'être honoré des hommes, dans le Saint-Sacrement.* »

Essayons de comprendre ce mystérieux appel, d'entendre le sens de cette ardente supplication, pour nous rendre capables d'étancher la soif du Sacré-Cœur.

I
J'ai une soif ardente d'être honoré des hommes dans le Saint-Sacrement !

Oui, j'ai soif d'être reconnu pour ce que je suis réellement, d'être traité comme je le mérite.

Je suis Dieu, Dieu véritablement présent au Sacrement, Dieu sur la terre, Dieu avec les hommes. J'ai abaissé le ciel et établi ma demeure et le trône de ma majesté parmi vous ; je suis votre Dieu : présent avec vous d'une présence plus active, plus sensible, plus voisine et plus amoureuse que ne l'est ma présence dans la nature et dans tout ce qui vit. Ma majesté, ma grandeur, ma beauté, tout moi-même, Père, Fils et Saint-Esprit, je suis là : je suis l'Eucharistie. — Où sont les honneurs, où est la considération, où le respect, le culte, les adorations que je mérite, et que je devrais recevoir sur cette terre, dans ma présence sacramentelle, comme je les reçois au ciel dans ma présence glorieuse ?

Je suis Dieu : je suis le créateur qui donne la vie à tout ce qui naît ; la Providence qui conserve tout ce qui vit ; le Maître et le Dominateur des hommes, des peuples et des potentats : tout est par moi ; tout est de moi ; tout est pour moi. — Qui professe envers moi, au Sacrement, la dépendance, la soumission, l'obéissance qui me sont dues ? Qui pense, en rejetant ma loi, qu'il m'offense sur le trône de mon Sacrement ? Qui pense, en l'accomplissant, qu'il m'y honore ? Qui veut dépendre de moi, me demander conseil, s'en rapporter à moi, m'appartenir enfin, dans ce propitiatoire de mon Eucharistie, où je ne me rapproche tant de mes créatures que pour leur être toute voix, toute vérité, toute vie ?

Je suis l'Homme-Dieu ; je suis le Sauveur ; je suis Jésus-Christ, le vainqueur de Satan, de la mort et du péché ; le roi de gloire et le conquérant des nations. Les sociétés sont à moi : j'ai le droit de les régir, de les gouverner et de recevoir d'elles des honneurs publics, des adorations solennelles, tous les hommages sociaux que l'on rend à un roi, à un triomphateur : et je suis tout cela par mon humanité et dans mon humanité qui est, qui demeure et qui vit au Saint-Sacrement. Or, qui traite mon Eucharistie comme une personne vivante ? Qui pense à la vie de mon âme qui y réside ; à la vie et à la sensibilité de mon Cœur qui y bat ; à la beauté, à la vérité de mon humanité qui y demeure avec ses plaies, stigmates de mon amour ?

Qui est délicat, sensible pour moi, comme on l'est pour une personne que l'on estime et que l'on aime ?

Ah ! j'ai soif d'être honoré des hommes dans le Saint-Sacrement ! Je ne puis pas plus renoncer à ces honneurs qu'à la majesté de ma nature divine, qu'à la vérité de ma nature humaine, qu'à mes droits d'Homme-Dieu ; les abandonner serait démentir toute ma vie. Comprenez donc que le feu de ma soif est attisé par les charbons ardents de ma divinité, de mon humanité, de ma gloire ; et donnez à ce désir, à cette ardeur, donnez-lui satisfaction en m'honorant, en me reconnaissant, en m'adorant !

II
J'ai une soif ardente d'être honoré des hommes dans le Saint-Sacrement !

J'aime dans mon Eucharistie, — et j'ai soif d'être aimé dans mon Eucharistie !

J'aime, et c'est pour satisfaire mon besoin d'aimer que je l'ai instituée. Mon amour répandu dans la création vous ne l'aviez pas compris ; mon amour de Sauveur, de frère et d'ami dans l'incarnation vous l'eussiez oublié : l'amour de ma mort même ne vous eût pas suffi : j'ai aimé jusqu'à l'Eucharistie. Et là j'ai réuni, fait affluer et concentré tous mes amours de Créateur, de Sauveur et de Rédempteur ; et je vous les offre, je vous les donne, et je vous les donnerai toujours, et je vous poursuivrai jusqu'à la fin, vous aimant perpétuellement, sans mesure, sans réserve, à la prodigalité, à la déraison : jusqu'à ce que je vous atteigne à travers tous les temps, à travers tous les espaces, pour vous dire et vous faire sentir que je vous aime !

J'aime et je donne ! Je vous donne tout. Vie, santé, biens de la fortune, secours pour le corps, comme pour l'intelligence ; grâces des sacrements et grâces actuelles ; grâces de prévenance et grâces de retour, c'est de moi que vous tenez et recevez tout : car rien n'est donné à l'homme que par la vertu de ma mort ; et ma mort, je la renouvelle et vous l'applique perpétuellement par mon sacrifice eucharistique.

J'aime et je me donne. Oui, moi-même, ma divinité, mon âme, ma chair, mon sang, ma vie, mes pensées, mes désirs, mes affections, mes vertus, mes mérites, mes souffrances, mes joies et ma gloire, je vous donne tout en me donnant moi-même. Je ne fais pas de réserve, ni de mesure ; je m'offre, me donne, me livre ; et rien n'est plus vrai que ce don de moi-même, que je fais à tous, tous les jours, et que je ferai jusqu'à la fin des âges, tous les jours et à tous.

Et aimant ainsi, donnant et me donnant ainsi, je pourrais ne pas avoir soif d'être aimé dans cette Eucharistie où j'aime, où je donne et me donne avec tant d'amour ?

Ah ! j'ai soif d'y être aimé : aimé de cœur ; aimé avec sympathie ; par choix ; par préférence et prédilection. J'ai soif d'y recevoir amour pour amour, don pour don, vie pour vie.

Donnez à mon âme des âmes qui pensent et comprennent ; à mon Cœur des cœurs qui aiment ; à ma chair des corps purifiés et austères ; à mes sollicitudes vos soins empressés ; aux profusions de mes largesses, les dons de votre travail ou de votre fortune : usez envers moi de quelque retour !

J'ai soif, j'ai soif : donnez-moi des cœurs ; aimez-moi, car j'ai soif d'être enfin aimé, dans ce Sacrement où mon Cœur se consume depuis si longtemps d'amour pour vous !

Aimez-moi ! Tout est bon pour apaiser ma soif d'amour : prières, œuvres, travaux et souffrances de chaque jour ; vos pensées, votre souvenir : tout ce que vous faites, en un mot, pourvu que vous le fassiez pour moi, pour m'aimer, pour me faire plaisir et pour « user envers moi de quelque retour ! »

III
J'ai une soif ardente d'être honoré des hommes dans le Saint-Sacrement !

J'ai soif de compassion, de consolation, de réparation, dans ce Gethsémani et sur ce Calvaire de mon Eucharistie.

Il me tarde que l'on fasse enfin attention aux abaissements que j'ai acceptés pour me faire le pain des hommes et leur compagnon d'exil.

Vous voyez l'obscurité de mon Hostie, et cette forme si vulgaire ? Je suis pourtant la lumière éternelle et la beauté parfaite !

Vous voyez le silence de mon Hostie ? Je suis pourtant la parole vivante !

Vous voyez l'inertie, l'immobilité de mon Hostie ? Je suis pourtant l'action infinie, la vie divine !

Et cette dépendance sans limites, et cette obéissance aveugle, et cette impuissance voisine du néant, quand je suis le Tout-Puissant et le Dominateur de la terre et des cieux, des anges et des hommes !

Et je pourrais ne pas désirer d'un désir qui est une faim dévorante et une soif ardente, je pourrais ne pas demander que l'on sympathise aux abaissements que j'ai embrassés si amoureusement ?

Quoi, vous ne me donnerez pas cette consolation d'honorer mes humiliations par votre humilité, mon silence en vous taisant pour moi dans l'épreuve, ma patience en souffrant courageusement pour moi, ma dépendance en vous laissant diriger, mon obéissance en embrassant avec joie l'obéissance ?

Ah ! pourtant j'ai soif d'être honoré dans mes sacrifices eucharistiques, par les sacrifices de vos vertus et de votre amour !

Et j'ai soif que l'on répare et que l'on me venge : car je suis attaqué, je suis trahi, je suis outragé et horriblement maltraité dans cette Eucharistie, où l'on m'abaisse encore, alors que l'amour m'avait déjà fait descendre si bas !

J'ai soif que l'on m'honore par des visites fréquentes, pour réparer les indignes délaissements où l'on m'abandonne en tant de tabernacles !

J'ai soif que l'on m'honore par le respect, le silence, la modestie, les génuflexions, les adorations et tous les hommages extérieurs les plus dévots, pour me venger des irrévérences, des légèretés, des grossièretés que l'on se permet si souvent sous mes yeux !

J'ai soif que l'on m'honore en ornant décemment mes autels, en renouvelant les linges et les ornements de mon sacrifice, en entretenant fidèlement la lumière qui publie ma présence : car trop souvent je suis déshonoré sur des autels indignes, et rien, rien, pas même la lueur vacillante de ma lampe sacrée, dernier hommage de respect, n'empêche d'oublier que je suis là, moi le roi des Anges, moi le père, et l'ami, et le sauveur des hommes !

Ah ! surtout, honorez-moi par des communions pures, ferventes et aimantes, pour réparer les abominables sacrilèges que l'on me fait subir si souvent !

Communiez fréquemment, rendez-vous capables de communier tous les jours, pour me dédommager de la glaciale indifférence, qui porte tant d'âmes à refuser mes avances et mon ardent désir d'être reçu par elles !

Enfants, communiez dévotement et purement et consolez mon Cœur, car d'autres enfants me reçoivent sacrilègement, même à leur première communion !

Âmes fidèles, épouses de mon cœur, communiez avec ferveur, purifiez-vous, immolez-vous dans la pénitence, et laissez pleurer votre amour en me recevant, car c'est tous les jours que des âmes masquées sous les dehors de la piété, abritées même sous le voile bénit, me reçoivent sacrilègement !

Prêtres, mes coopérateurs et mes amis, ô vous à qui je me suis livré si généreusement, dites vos messes avec ferveur, l'âme pure, le cœur libre, et tout unis à moi par la fidélité de votre vie ; réparez fidèlement, car jusque dans vos rangs j'ai trouvé des traîtres et des bourreaux, et chaque jour mon Hostie est souillée par le baiser de l'apôtre perfide, liée et garrottée par des ministres infidèles ; chaque jour ma passion eucharistique me fait trouver légère la passion de ma mort, et l'autel me ferait regretter le Calvaire, si mon amour n'avait pas juré, en instituant l'Eucharistie, d'aimer jusqu'à l'excès, jusqu'à l'aveuglement, jusqu'à la folie !

Pitié donc, oh ! pitié : j'ai soif de compassion, de consolation et de réparation : « et je n'en trouve presque pas qui s'efforcent de me désaltérer selon mon désir, en usant envers moi de quelque retour ! »

IV
J'ai soif d'être honoré des hommes dans le Saint-Sacrement !

J'ai soif d'être prié, d'être reçu en communion, car je suis la source de toutes les grâces, le dispensateur de tous les biens et la vie des âmes.

Ne me laissez pas inutile pour vous dans la solitude de mes Tabernacles ; ne me laissez pas stérile dans mes ciboires.

J'ai soif de vous faire du bien, j'ai besoin de racheter, de vivifier, de consoler, de pardonner, mais je ne peux le faire que si l'on vient à moi, si l'on me prie et si l'on me reçoit !

Ô vous tous qui êtes chargés et qui succombez sous le poids de vos misères, venez donc à moi et je vous referai !

Je suis le Sauveur : priez-moi, recevez-moi, et je vous appliquerai les fruits de ma mort et le baume de mon sang !

Je suis le médecin : approchez-vous de moi, laissez-moi descendre en vos âmes et montrez-moi vos plaies, vos infirmités et vos maladies : la vertu qui sort de ma chair n'a-t-elle pas guéri toute langueur ?

Je suis l'ami qui soutient et porte le fardeau de l'ami ; le consolateur qui lit au fond des cœurs, voit les peines les plus secrètes, et qui seul peut y répandre la paix avec la résignation, la fécondité surnaturelle avec l'amour.

Ah ! cessez de me traiter comme quelqu'un qui n'a pas de cœur, qui ne sait pas, qui ne comprend pas, qui ne peut pas : mon Hostie vous voit, vous pénètre et vous suit partout : mes yeux y sont ouverts sur vous et sur ceux que vous aimez, sur vos préoccupations matérielles et sur les angoisses de votre âme.

Mon hostie peut tout, car j'y suis le Maître Souverain de tout ce qui est au ciel et sur la terre, et j'ai déjà acheté, et je paye tous les jours d'un prix qui les vaut cent fois, tous les secours, tous les dons que vous demandez.

Priez-moi, offrez-moi, présentez-moi à mon Père : faites-moi agir, faites-moi travailler ; j'ai soif de travailler, de sanctifier, de sauver ; le champ est si vaste !

L'Église a tant de besoins, les âmes sont si exposées, le bien est si combattu, votre persévérance est si chanceuse !

Et je puis vous être tout secours ! Et je n'ai pas de plus cher désir, de souhait plus ardent, de soif plus brûlante que de vous aider, que de vous satisfaire : oui, ma joie est de vous rendre heureux, toutes les fois que votre bonheur est selon les desseins de mon Père sur vous, ce qui est dire toutes les fois que vous désirez le vrai bonheur, qui dure et ne passe pas.

Je suis le médiateur nécessaire, le prêtre saint, innocent, toujours écouté ; la victime pure, agréable, toujours reçue : offrez-moi à mon Père pour lui rendre ce culte absolument nécessaire d'adoration, d'action de grâce, de réparation, de supplication, que vous êtes impuissant à lui rendre par vous-mêmes.

Offrez mes adorations et mes louanges pour expier les impiétés et les blasphèmes ; mes vertus et mes mérites, pour réparer les péchés et les crimes ; offrez ma vie, mon sang, mon amour, mes désirs, mes abaissements eucharistiques : tout cela est à vous, ah ! ne négligez pas ces trésors !

De grâce, faites cesser ce supplice qui me torture de vous voir périr d'inanition, succomber sous l'épreuve, quand j'ai les mains pleines de secours pour vous relever, quand je vous offre pour pain quotidien le Pain vivant, le pain avec lequel on ne meurt pas !

Pourquoi vos larmes sont-elles si amères, votre chagrin sans consolation, votre malheur sans compensation, vos perplexités sans solution, votre douleur sans espérance, puisque je m'offre, moi le Bien infini, moi votre bonheur éternel un jour, à vous consoler, à vous relever, à vous soutenir, et à vous conduire jusqu'au séjour de la joie sans mélange et de la réunion sans fin ?

Priez-moi donc pour vous et pour les vôtres : pour vos enfants, car j'ai un cœur de père et des tendresses de mère ; pour vos parents, car j'ai un cœur de fils ; pour vos amis, car j'ai créé et béni l'amitié. Priez-moi pour vos absents, j'irai vers eux en votre nom, car je suis partout au ciel où je les réjouis ; au royaume de la souffrance où je les console ; sur toutes les plages, où je les soutiens, les guide et les protège !

Quand donc comprendrez-vous que sans moi vous ne pouvez rien faire, absolument rien ?

Quand donc saurez-vous que si vous ne demeurez en moi, si vous ne vivez portés sur moi, si je ne fais circuler en vous la sève de ma vie, vous ne serez jamais que des branches mortes, sans fruit, bonnes à jeter au feu ?

Quand donc viendrez-vous à moi et me prierez-vous avec assez de confiance, et me recevrez-vous avec assez de persévérance, pour que vous viviez vraiment, et que votre paix soit assurée, et que votre joie soit pleine ?

Ô hommes, mes enfants, mes amis et mes frères, souvenez-vous de votre Père, de votre Ami, de votre Frère ; souvenez-vous que dans toutes les églises, il vous aime, il vous attend, et qu'il a soif d'être honoré de vous dans le Sacrement de son amour, soif d'y être reconnu et adoré, soif d'y être aimé et remercié, soif d'y être consolé et soulagé, soif d'y être prié et reçu.

Soulagez ma soif, apaisez mes ardeurs, faites cesser mon supplice, pressez-vous, accourez ; car en vérité, « *J'ai soif d'être honoré des hommes dans le Saint-Sacrement, et je n'en trouve presque pas qui s'efforcent, selon mon désir, de me désaltérer, en usant envers moi de quelque retour !* »

NEUVAINE AU CŒUR ADORABLE DE JÉSUS EUCHARISTIE

Cette neuvaine, composée pour les religieux de la Société des Prêtres du Très Saint-Sacrement, convient également aux Agrégés de cette Société, Prêtres Adorateurs, Membres de la Garde d'honneur, Associés des semaines Eucharistiques, Membres de l'Adoration nocturne. Nous la publions pour permettre aux âmes de puiser dans la dévotion au Cœur-Sacré toutes les ressources qu'elle offre pour affermir et développer l'amour envers l'adorable Personne de Jésus-Sacramenté.

A. T.

PREMIER JOUR

LE CŒUR DE JÉSUS, INSPIRATEUR DE L'EUCHARISTIE.

« Voilà ce Cœur qui a tant aimé les hommes, jusqu'à s'épuiser et se consumer pour leur témoigner son amour. »

ADORATION

L'Eucharistie étant l'œuvre et le don de l'amour suprême de Notre-Seigneur, elle peut et doit être attribuée très particulièrement à son Cœur, principe et organe de tout ce que l'amour inspira au Sauveur pendant sa vie. Adorez le Cœur sacré de Jésus voulant, dès son premier battement, l'Eucharistie ; l'instituant à la Cène, dans le dernier effort de son héroïque amour ; et y acceptant pour toujours les sacrifices immenses de l'état sacramentel.

ACTION DE GRÂCES

Voyez et goûtez la pensée touchante qui a porté le CŒUR DE JÉSUS à instituer l'Eucharistie.

Nous avions besoin de Jésus : que serions-nous et que ferions-nous sans lui ?

Et le Fils de Dieu qui s'était fait un cœur de chair, sensible et passible, daignait avoir besoin de nous, besoin de notre amour, de nos soins et de notre compassion !

Et c'est pour satisfaire son Cœur et le nôtre qu'il s'est donné.

PROPITIATION

Si vous regardez de près, vous verrez avec tristesse que bien peu d'âmes comprennent la pensée qui a inspiré l'Eucharistie au Cœur du Sauveur.

Qui croit que le SACRÉ-CŒUR est l'auteur de cette grande œuvre ? Qui sait bien que c'est une merveille d'amour, qui ne pouvait venir que d'un cœur tel que le sien ?

Qui en rend gloire au SACRÉ-CŒUR ? Qui lui en rend grâces, en aimant vraiment comme il est aimé ?

« *Je ne reçois en retour que des ingratitudes,* » disait douloureusement l'adorable Victime à la confidente de son Cœur.

PRIÈRE

Voyez s'il n'est pas bon, utile, urgent, conforme aux droits aussi bien qu'aux désirs du Cœur de Jésus, qu'une Œuvre fortement constituée par la vie religieuse et se ramifiant dans toutes les classes de la Société par des affiliations séculières, soit uniquement consacrée à honorer, adorer, servir et faire connaître, à aimer et faire aimer son chef-d'œuvre, son Eucharistie ?

Et si cette Œuvre est celle dont vous faites partie, priez donc le SACRÉ-CŒUR pour elle, pour son affermissement et sa dilatation, pour la multiplication et la sanctification de ses membres, afin qu'elle soit digne des destinées magnifiques que le SACRÉ-CŒUR lui propose, digne de lui rendre tout l'amour qu'il attend d'elle !

DEUXIÈME JOUR

LE SACRÉ-CŒUR VIVANT EN L'EUCHARISTIE.

« Voilà ce Cœur qui a tant aimé les hommes »

ADORATION

Adorez le CŒUR DE JÉSUS : vraiment, réellement, substantiellement présent dans l'Hostie ; vivant, immortel, glorieux ; faisant ses fonctions de cœur humain dans le corps eucharistique de Jésus et servant d'organe à l'amour de son âme. Adorez ses battements sous l'Hostie, ses tressaillements de joie quand on l'honore, ou quand il regarde du côté de son Père ; — ses resserrements quand il regarde du côté de la terre ingrate, quand on le délaisse ou qu'on le blesse.

Adorez la vérité et la réalité de ce Cœur, aussi vraiment sensible que le cœur qui bat dans votre poitrine.

Adorez-le dans cette Hostie et dans toutes les hosties de la terre, uni personnellement au Verbe, Cœur du Fils de Dieu, vrai Cœur de Dieu, par conséquent !

ACTION DE GRÂCES

Remerciez le CŒUR DE JÉSUS des amabilités, des charmes, des délices dont sa présence remplit l'Eucharistie.

Si cette ineffablement aimable Eucharistie est aimante jusqu'au dévouement qui l'immole perpétuellement pour notre bien, c'est qu'elle a un CŒUR !

Si elle est bonne jusqu'à la débonnaireté, condescendante jusqu'à l'excès, patiente jusqu'au scandale, humble jusqu'à tout supporter en silence, en continuant d'aimer ceux qui l'offensent, c'est qu'elle a un CŒUR !

Si elle est belle, aimable, ravissante, pleine d'attraits et pleine de grâces ; si le cœur à qui on la montre est invinciblement attiré vers Elle, gagné, captivé par Elle ; si Elle est plus aimable que le plus cher des amis, que la plus tendre des mères, que le plus aimé des pères, c'est que l'Eucharistie a un CŒUR, le Cœur de Jésus !

PROPITIATION

Compatissez et réparez, car c'est une vérité d'expérience, — qui ne nous est, hélas ! que trop personnelle, — *à savoir, que rien n'est autant ignoré, oublié et méconnu que la présence et la vie du Cœur de Jésus dans l'Eucharistie.*

Sans parler des impies et des ignorants de profession, les bons chrétiens, les âmes pieuses, nous-mêmes, y pensons-nous ? Le savons-nous pratiquement ?

Si oui, nous sommes toujours attentifs, prévenants, délicats pour le Saint-Sacrement.

Nous n'avons qu'une crainte : lui faire de la peine ; qu'un plaisir : lui être agréable ; qu'un but : agir en tout directement pour lui. Sont-ce là notre conduite, nos sentiments ? — D'après nous, jugeons des autres.

Ah ! quel poids d'humiliation et de douleur sur le CŒUR DE JÉSUS que d'être si présent, si vivant, d'animer une si belle vie que celle du Fils de Dieu dans le Sacrement, et d'être si peu connu, si peu compris, même par les siens !

PRIÈRE

Néanmoins, il veut être connu et aimé, découvert, honoré, glorifié et consolé dans son Sacrement !

La Famille Eucharistique n'a, par elle-même et par toutes ses œuvres affiliées, d'autre but que de servir et de faire servir la Personne adorable du Sauveur dans l'Eucharistie, que de mettre en œuvre et de faire resplendir sa vie réelle et personnelle, avec tous ses droits, toutes ses conséquences pour lui et pour nous. Il suit de là que ce qu'elle doit honorer avant tout, c'est ce qui fait la vie de Jésus, sa vie physique, sa vie morale, sa vie humaine et personnelle, sa vie sacramentelle aussi : c'est-à-dire son Cœur. Le Cœur adorable pourrait-il ne pas vouloir et ne pas protéger une telle œuvre ? Priez-le donc pour elle avec confiance !

TROISIÈME JOUR

LE SACRÉ-CŒUR VEUT ÊTRE AIMÉ AU SAINT-SACREMENT.

« *J'ai une soif ardente d'être aimé dans le Saint-Sacrement.* »

ADORATION

C'est le désir de gagner les cœurs des hommes et de se faire aimer de nous du même amour dont il nous aime, qui a inspiré au Cœur-Sacré de Jésus la pensée d'instituer l'Eucharistie.

Dieu n'aime l'homme que pour être aimé de lui, et plus il aime, plus il veut être aimé. L'amour de Dieu pour nous est un amour de bienveillance, qui a pour but notre bien, par la possession réelle et personnelle de Dieu même.

Telle est la nature de l'amour véritable, de l'amitié : aimer, c'est *préférer, choisir, s'attacher, se donner, sans autre motif que le bien de celui que l'on aime.*

Or Notre-Seigneur ne mérite-t-il pas d'être aimé pour lui-même, pour ses excellences et ses amabilités, d'un amour qui va jusqu'à l'adoration, jusqu'à l'anéantissement de celui qui aime, aux pieds de l'objet aimé ? — Ne mérite-t-il pas toutes les préférences, toutes les prédilections ? Ne suffit-il pas à prendre, à saisir, à fixer le cœur à jamais ? Ce qu'il sera au ciel, pourquoi ne le serait-il pas déjà au Saint-Sacrement ?

ACTION DE GRÂCES

Voyez, pour en tirer des élans et des effusions de reconnaissance, avec combien *de vérité, de bonté, de tendresse* et avec *quelle plénitude* le CŒUR DE JÉSUS vous aime PERSONNELLEMENT dans l'Hostie.

Regardez l'Hostie de chacune de vos communions : n'est-elle pas toute à vous ? n'est-elle pas *uniquement* pour vous ? Vous lui suffisez !....

Elle se met tout entière à votre disposition, à votre *service personnel, en votre jouissance exclusive* !

Cherche-t-elle quelqu'un hors de vous ? autre chose, que de vous être utile ? Que de vous rendre saint et heureux ?

Ah ! comme elle vous crie : *Dilexi te ! amica mea, unica mea !* Je t'ai aimée, ô âme chérie, comme mon amie, comme mon unique amie !

— Répondez dans la joie et dans la reconnaissance : « Je vous aime et je me livre tout entier à vous seul, ô mon unique bien-aimé ! « *Dilectus meus mihi et ego illi !* »

PROPITIATION

Notre-Seigneur est-il aimé de la sorte dans l'Eucharistie, d'un amour de choix, de préférence, souverain, royal, pur de tout autre but, sinon de l'aimer ? Non des simples chrétiens, mais même des siens ? Où sont ceux qui mettent leur *plus grand bonheur en Lui,* c'est-à-dire en sa possession ? *Leur principal devoir en Lui,* c'est-à-dire à le contenter, à lui être agréable, à le satisfaire ?

De qui est-il effectivement dans son Sacrement le PRINCIPE PREMIER, d'où part tout le reste, et la FIN suprême, qui règle tous les moyens et toutes les autres fins ?

Entendez la plainte de son Cœur :

Au lieu de la préférence, de l'amitié, de l'amour suprême, que je mérite, « *Je ne reçois qu'ingratitudes, par leurs rebuts !* »

PRIÈRE

Priez donc pour que les âmes comprennent ce que mérite de recevoir un Cœur qui les aime si noblement ! La Société du Saint-Sacrement demande à ses membres, s'ils veulent correspondre à leur vocation, d'aimer de la sorte l'adorable Ami du Sacrement. Elle est uniquement, exclusivement, absolument au service de sa Personne au Saint-Sacrement. Elle préfère ce service à tout, lui subordonne tout, lui sacrifice tout ce qui pourrait combattre ou diminuer sa prépondérance.

Elle est à la Personne de Jésus sacramentel par amour, par amour pur, uniquement parce qu'il est bon que la Personne de Jésus soit servie et aimée dans l'Eucharistie.

Elle consacre à ce service les œuvres de la vie active, les vœux et les vertus de la vie religieuse, la louange publique. Et ce n'est pas assez ; il lui faut l'adoration silencieuse du tête-à-tête, l'adoration personnelle où chacun de ses membres se livre et s'anéantit à l'amour de la Personne bien-aimée.

Une telle Œuvre ne correspond-elle pas bien aux désirs, aux droits du Sacré-Cœur ?

Ah ! bien plutôt il l'aime, il l'a créée pour Lui. Priez-le beaucoup, avec confiance, pour qu'Il la rende digne de sa mission de choix !

QUATRIÈME JOUR

LE SACRÉ-CŒUR VEUT ÊTRE ADORÉ AU SAINT-SACREMENT.

« J'ai une soif ardente d'être honoré des hommes dans le Saint-Sacrement. »

ADORATION

Le besoin de l'amour est de voir et d'entendre celui qu'on aime. Il nous faut sa présence non seulement de corps, mais de cœur et d'âme, celle qui se traduit par la sympathie, la communauté des vues, par la parole, la conversation, l'épanchement mutuel.

C'est là une loi naturelle, qui s'applique au Cœur de Notre-Seigneur, cœur d'homme véritable, et qui nous aime à la manière humaine. Il nous veut près de lui, conversant avec lui. Aussi n'a-t-il été créé parmi les hommes que pour leur être plus présent : *cum hominibus conversatus est* ; il ne s'est tenu parmi nous que pour être entouré par nous : *Medius vestrum stetit*.

Il demeure dans l'Eucharistie jusqu'à la fin, et tous les jours, pour cela : *Omnibus diebus vobiscum sum*.

Adorez-le, présent et recherchant votre présence ;

La recherchant en se PERPETUANT au Sacrement ; en s'y UNIVERSALISANT ;

La recherchant aussi intime que possible en s'y INDIVIDUALISANT en chacun de nous par la communion, pour entrer dans une plus grande union avec nous.

ACTION DE GRÂCES

Est-il rien de plus glorieux et de plus honorable à l'homme, sinon que SON SEIGNEUR veuille converser avec lui ? Que DIEU le recherche ? ait besoin de le voir, de l'entendre, de lui parler : *Quid est homo quia visitas eum ?*

Et qu'Il le visite, non pas d'une manière telle quelle, mais dans le CŒUR À CŒUR : « *Aut apponis erga eum Cor tuum ?* »

Mais quoi ? Voilà que pour ce Dieu ce n'est pas simplement une grâce qu'il fait, un don qu'il accorde, une marque de libéralité ou de condescendance, non ; ce Lui est une SATISFACTION, UN PLAISIR, UNE JOIE : ce sont ses DÉLICES que de converser avec les hommes ! « *Deliciæ meæ esse cum filiis hominum.* »

Ses DÉLICES, à Celui qui jouit de la société des Saints, des Anges, de Marie, de son Père et de son Saint-Esprit !

Et il veut converser avec nous de telle sorte, si aimablement, si tendrement, si familièrement, que ce nous soit un bonheur, notre joie et nos délices aussi : *Non habet amaritudinem conversatio illius.*

Est-il rien de plus doux et de plus désirable ?

PROPITIATION.

Et comment ces avances sont-elles accueillies ? « *En retour*, dit le Sauveur en révélant la peine de son Cœur, *je ne reçois que des ingratitudes par leurs froideurs.* »

Où est l'homme qui ne s'est jamais ennuyé en présence du Très Saint-Sacrement ? — Où est celui qui n'a jamais négligé l'occasion de lui tenir compagnie quand il le pouvait ?

Où est celui qui n'a pas manqué de le visiter, alors que cette visite était un devoir ? — Hélas ! hélas !

Répondez, églises désertes tout le jour et tous les jours de l'année ! Votre voix s'élève sur toute la surface de la terre, et elle dit que le délaissement auquel on condamne l'AMI auguste qui demeure en vos murs est une INSULTE à sa dignité, une INGRATITUDE envers son amour, un TOURMENT pour son Cœur.

On le traite en fait comme le dernier, et il passe après tous les autres. Il s'en plaint ! Il se plaint surtout de l'abandon de ses amis : *Amici mei et noti mei longe steterunt a me.* Et quand il a leur présence corporelle, que de fois, n'ayant pas celle de leur cœur, il peut s'écrier dans l'humiliation de son Cœur : *Cor autem eorum longe est a me !*

PRIÈRE.

Eh bien ! à ce droit qu'a Jésus d'être entouré des siens, puisqu'il reste pour cela au milieu d'eux ; à ce besoin de conversation et d'épanchement qu'il montre si réel en son Cœur, la Société répond en lui donnant des adorateurs perpétuels, c'est-à-dire toujours présents, les uns ou les autres, même la nuit, afin qu'Il puisse converser, s'épancher avec eux, et afin que l'injure de sa solitude soit réparée. Pour rendre leur adoration réellement perpétuelle, elle sacrifie tout, même les plus beaux apostolats. De plus, elle veut que ce soit une présence aussi parfaite que possible et que ses enfants soient *présents* à l'Ami vivant du Sacrement par tout ce qui peut rendre l'homme présent à l'homme : non seulement le fait matériel de la présence du corps, mais les yeux qui regardent, l'immobilité qui ne se laisse pas distraire, à genoux en face du Bien-Aimé, exposé devant eux !

Puis la présence de l'esprit, du cœur, de l'amour : l'adorateur de Jésus Eucharistie ne doit venir en sa présence que préparé à s'entretenir avec son Dieu ; et là il doit avant tout s'occuper de Lui, converser avec Lui, s'oublier lui-même pour vaquer d'abord à la louange de ses grandeurs, à la contemplation de son amour, de ses perfections et de ses mystères ; l'écouter, se laisser instruire par lui, plutôt que discourir et s'instruire soi-même ; entrer dans ses pensées, deviner ses peines et le consulter. Enfin être là pour l'Ami, s'écoulant tout entier en son Cœur, se perdant et s'anéantissant dans le silence de sa présence sacramentelle.

Priez donc pour que ce besoin et ce droit du Cœur de Jésus soient compris : alors se multiplieront les adorateurs en esprit et en vérité du Dieu caché, mais présent !

CINQUIÈME JOUR

LE CŒUR DE JÉSUS VEUT ÊTRE HONORÉ AU SAINT-SACREMENT

« J'ai une soif ardente d'être honoré des hommes dans le Très Saint-Sacrement. »

ADORATION

Celui qui aime veut trouver un retour dans le respect de l'être aimé ; qui aime sincèrement respecte et honore l'objet de ses affections. C'est une loi : le respect suit l'amour vrai ; davantage, l'amour veut honorer, exalter, entourer d'hommages celui qu'il a fixé.

Tel, au ciel, le respect des Anges pour le Dieu qu'ils aiment : leur amour est l'ivresse de l'extase, et la crainte respectueuse les prosterne tremblants au pied du trône de Dieu. Sur terre, le respect filial accompagne partout l'affection sincère des enfants pour leurs parents et il multiplie autour d'eux les témoignages d'honneur. Le respect qui diminue est le premier signe du refroidissement de l'affection.

Or, le CŒUR DE JÉSUS veut ce respect, cette déférence, ces hommages, ces honneurs. Il les veut d'autant plus qu'il aime davantage et les mérite à de plus nombreux et plus justes titres au titre de l'UNION HYPOSTATIQUE, qui lui donne droit à tous les honneurs divins ; — au titre d'une COMPENSATION due aux humiliations de sa vie mortelle ; au titre DE SA VICTOIRE sur Satan, et de sa royauté glorieuse sur le monde entier.

Et ce respect, ces honneurs, doivent être rendus à sa sainte Humanité, puisque c'est elle qui a souffert, elle qui aime immédiatement et qui est la preuve de l'amour de Dieu pour l'homme. — Donc, partout où se trouve cette Humanité adorable, elle veut, elle cherche, elle réclame et impose l'hommage et l'honneur.

Et le CŒUR DE JÉSUS, qui est le centre de l'Humanité sainte et le foyer de tout l'amour dont elle nous a aimés, réclame dans la sainte Eucharistie les hommages auxquels elle a droit. C'est pour lui une chose si désirée, si voulue, si impérieuse, qu'il l'appelle : UNE SOIF ! *« J'ai une soif ardente d'être honoré. »*

Adorez, reconnaissez cette vérité, ce droit essentiel, ce besoin sacré, CETTE SOIF AUGUSTE.

ACTION DE GRÂCES

Mais que le SACRÉ-CŒUR est bon, ineffablement bon, de réclamer de nous des honneurs pour son HUMANITÉ DANS L'EUCHARISTIE !

Honorer, entourer d'hommages ceux qu'on aime, c'est le bonheur du cœur. Voyez si la mère a jamais assez bien arrangé, embelli son enfant ? Et l'amitié peut-elle se passer de louer, d'exalter, de donner, de faire des cadeaux, pour se témoigner, pour honorer ?

Donner est un besoin pour le cœur ; voir ses dons agréés et reçus, est sa récompense.

Et quand il s'agit de Jésus, de l'Ami qui, tout semblable qu'il se fasse à nous, n'en reste pas moins notre CRÉATEUR et notre Roi, le pouvoir honorer de nos faibles hommages et de nos dons, n'est-ce pas bien le suprême honneur pour nous ? Et s'il daigne nous dire qu'en l'honorant nous satisfaisons en Lui UNE SOIF, un besoin sacré, oh ! alors l'honorer ne devient-il pas le plaisir suprême, la récompense sans pair ? Pensez à cela en présence de L'HOSTIE d'amour, qui daigne attendre si aimablement quelque chose de vous !

PROPITIATION

Jésus est-il honoré dans son HUMANITÉ SAINTE au Sacrement ? — Est-il honoré dans son Royal Sacrement comme il mérite de l'être ? *« Je ne reçois de la plupart que des mépris ! ... »*

Mépris des irrévérences matérielles dans les ornements de son culte, où je ne sais quelle basse parcimonie porte toujours à trouver qu'il a bien assez ! — Mépris des irrévérences personnelles dans la manière d'agir envers l'Eucharistie : insouciance, sans gêne, légèreté coupable, impolitesse et oubli de toutes les convenances que réclame la dignité de son Auguste Personne.

Il peut bien dire l'Adorable Maître : Non ! on ne me traite pas en homme dans le Sacrement, en homme qui vit, qui sent et qui aime : *Ego vermis et non homo.*

PRIÈRE

Eh bien ! la Société, avec le cortège de toutes ses affiliations, veut étancher sa soif d'être honoré comme il le mérite. Elle ne veut pas le faire seulement d'une manière privée, mais publique. Elle se voue au culte de l'Exposition solennelle et perpétuelle ; elle s'engage à ne s'arrêter jamais dans la voie des magnificences et des splendeurs dont le Royal Sacrement peut être entouré. Elle pourra manquer de pain et de vêtement pour ses fils ; elle ne voudra jamais manquer pour le trône de son Roi de cierges, de fleurs et d'ornements.

Au culte matériel elle veut joindre le culte personnel dans sa pompe et dans sa gravité sainte : l'office au chœur, la louange solennelle aux pieds du divin Maître, devant son trône ; la révérence, le silence, la modestie en sa présence, passés à l'état de culte sacré et inviolable.

Puis, elle veut que ces honneurs lui soient rendus partout, et elle se fait l'apôtre du culte de l'Exposition du Saint-Sacrement dans tout l'univers : n'est-ce pas répondre à la soif d'honneur, aussi légitime qu'un droit, qui consume le Cœur de Jésus au Sacrement ?

Ah ! priez donc pour qu'elle étende le règne glorieux de l'Eucharistie !

SIXIÈME JOUR

LE SACRÉ-COEUR VEUT LA RECONNAISSANCE AU TRES SAINT-SACREMENT.

« En retour de tant d'amour, je ne reçois de la plupart que des ingratitudes !... »

ADORATION

Que la reconnaissance pour les bienfaits oblige rigoureusement, de telle sorte que d'y manquer soit une faute, un crime, c'est une vérité élémentaire dans les choses humaines. Vis-à-vis de Dieu, la reconnaissance est chose plus sacrée encore et un devoir plus impérieux, tant à cause de la personne auguste du BIENFAITEUR qu'à cause de la valeur de ses bienfaits. Pour ce qui est du CŒUR DE JÉSUS, il est de foi qu'il veut notre reconnaissance. Il est venu la demander en révélant son CŒUR, et l'Église l'a bien compris, elle qui n'a institué la FÊTE DU SACRÉ-CŒUR que pour lui offrir la RECONNAISSANCE due à ses BIENFAITS ; surtout, dit-elle, « CEUX DE LA PASSION ET DE L'EUCHARISTIE. »

Reconnaissez, acceptez cette vérité ! Confessez que vous êtes lié au CŒUR DE JÉSUS par mille chaînes d'amour, dont d'innombrables bienfaits forment les anneaux. Adorez la sainte et chère nécessité de Lui être reconnaissant.

ACTION DE GRÂCES

Goûtez le bien, la satisfaction, l'honneur, la douceur, la joie, qui se trouvent à être reconnaissant. Puis souvenez-vous de quelques-uns des grands bienfaits de Jésus : son INCARNATION et sa vie ; sa PASSION et sa mort ; son EUCHARISTIE et tous ses dons ; son ÉGLISE, dont vous êtes l'enfant pour le temps et pour l'éternité.

Puis descendez dans votre vie ; voyez-y son amour particulier pour vous : votre baptême, votre première communion, toutes les grâces de votre enfance ; votre vocation surtout essayez d'en comprendre le bienfait, la richesse, l'honneur, la noblesse, la sécurité, la fécondité et l'amour ! La vocation au service de l'Eucharistie, c'est-à-dire de l'Exposition perpétuelle du Saint-Sacrement ; la vie passée en la présence de Jésus en personne, à la cour du Roi magnifique ; — mieux encore, la vie dans son intimité, sa familiarité ; car c'est ce qu'il veut de nous. — Et cela toujours, pour toujours : l'Eucharistie et son adorateur ne faisant qu'un, nécessaires l'un à l'autre, inséparables l'un de l'autre : *Pater, quos dedisti mihi, volo ut ubi sum ego, et illi sint mecum !*

PROPITIATION

Qu'en est-il de la reconnaissance envers le Dieu de l'Eucharistie ?

Où sont ceux qui sont vraiment reconnaissants envers lui ? Sans doute tous les bons chrétiens ont implicitement de la reconnaissance pour Dieu. Mais où sont ceux qui se font un devoir spécial, distinct et sacré, de la reconnaissance ? « *Et je ne reçois en retour que des ingratitudes par leurs froideurs et leurs rebuts,* » dit l'adorable Victime de nos mauvais cœurs !

C'est une douleur, en même temps et plus encore une INJURE, pour le CŒUR de Notre-Seigneur. INJURE, parce que c'est regarder comme rien ses bienfaits, dont le plus petit vaut tout son sang.

DOULEUR, parce que l'ingratitude afflige toujours le bienfaiteur ; DOULEUR, parce que l'ingratitude l'empêche de redoubler ses bienfaits et d'aimer autant qu'il voudrait ; DOULEUR telle enfin, que, montrant son CŒUR environné d'une couronne, dont les épines sont nos ingratitudes, il s'écrie : « *Cela m'est incomparablement plus douloureux que tout ce que j'ai souffert pendant ma Passion !* »

PRIÈRE

Or la Société du Saint-Sacrement s'engage formellement à l'action de grâces. Chaque religieux est tenu de consacrer une partie de chacune de ses trois adorations quotidiennes à l'exercice de l'action de grâces ; pendant ce temps, il ne doit faire que remercier, bénir, chanter les bienfaits de Notre-Seigneur, après en avoir compris l'amour, étudié la bonté, les grandeurs, les tendresses.

Puis, son existence tout entière est vouée à honorer, exalter, faire connaître le Don des dons, le Bienfait des bienfaits ; l'Action de grâces substantielle, vivante et infinie : l'Eucharistie !

Enfin ses enfants sont tenus de ne vivre, travailler et se sanctifier que par amour, pour rendre amour pour amour, don pour don : n'est-ce pas la reconnaissance transformée en principe et en état de vie ?

Si le Sacré-Cœur est venu réclamer la reconnaissance, il aimera et bénira cette famille qui fait profession de chanter perpétuellement à son amour, dès ici-bas, les cantiques angéliques de la reconnaissance éternelle. Priez pour elle avec confiance.

SEPTIÈME JOUR

LE CŒUR DE JÉSUS RÉCLAME LA RÉPARATION AU TRÉS SAINT-SACREMENT

« *Toi, du moins, efforce-toi de me consoler, en usant envers moi de quelque retour.* »

ADORATION

La réparation du péché, qui lèse les droits de Dieu, est nécessaire de nécessité absolue. La SAINTETÉ et la JUSTICE divines la réclament. Elle est tellement due à Dieu que son Fils a mieux aimé mourir sur la croix que de laisser le péché sans réparation, et qu'il n'a accepté tous les sacrifices de son état de VICTIME EUCHARISTIQUE, que pour CONTINUER, PERPÉTUER, et ÉTENDRE le grand acte de la réparation : sa mort.

Tous les péchés demandent réparation, mais surtout ceux qui offensent plus directement la MAJESTÉ DIVINE en s'attaquant à la PERSONNE DE JÉSUS-CHRIST, et ceux qui offensent plus cruellement son CŒUR : tels sont les péchés contre l'EUCHARISTIE, abandon, mépris, négations, irrévérences, sacrilèges et profanations : ces péchés le visent directement, dans la faiblesse sacrée où l'a réduit son amour pour nous ; ils tirent de là je ne sais quelle difformité plus grande ; et ils sont hélas ! de tous les jours car la multiplication de la présence eucharistique ne fait que multiplier les occasions de l'offenser !

Pénétrez-vous de cette douloureuse vérité et offrez-vous à la RÉPARATION EUCHARISTIQUE.

ACTION DE GRÂCES

Bien que la RÉPARATION soit austère, douloureuse et crucifiante, parce qu'elle renferme nécessairement la souffrance expiatoire acceptée ou embrassée volontairement, elle offre néanmoins de grandes douceurs et des beautés capables de tenter les âmes généreuses. DOUCEUR pour soi-même, pour ses propres fautes réparées : *Beati quorum remissæ sunt iniquitates et quorum tecta sunt peccata !*

DOUCEUR À PANSER les plaies adorables du plus aimable, du plus touchant des blessés : NOTRE SEIGNEUR JÉSUS-CHRIST : car ses plaies sont toujours ouvertes dans ses mains et dans son Cœur, et elles attendent le baume de nos larmes et de notre amour : *Quid sunt plaga istæ in medio manuum tuarum ?*

DOUCEUR À SATISFAIRE à la justice divine, à lui rendre gloire et raison : *Beati qui esuriunt et sitiunt justitiam.*

Quoi de plus beau que de procurer que Dieu soit satisfait, sa Justice apaisée, sa Miséricorde mise à même de pardonner autant qu'elle le désire ?

PROPITIATION

Mais peu s'acquittent du devoir de la REPARATION, surtout du devoir de la RÉPARATION EUCHARISTIQUE.

Où sont ceux que touchent la solitude et l'abandon du Saint-Sacrement, si durs à un Cœur aimant comme celui de cet incomparable Ami, jusqu'à les porter à combler cette solitude par leur présence ? Où sont ceux qui vivent tourmentés, peinés, angoissés, à la pensée qu'il ne se passe pas une heure où le CHRIST EUCHARISTIQUE ne soit reçu sacrilègement, traité irrévérencieusement, profané et trahi ?

Et cependant c'est ainsi ! L'Eucharistie n'est pour JÉSUS qu'une cause d'humiliation perpétuelle, elle est sa Passion continuée, augmentée, étendue à tous les temps, à tous les lieux ! L'homme l'offense en ne l'approchant pas ; et il est rare qu'en l'approchant ou la visitant, qu'en la distribuant, la consacrant ou la recevant, il ne l'offense en quelque chose, quand ce n'est pas en chose grave !... Entendez les plaintes du SACRÉ-CŒUR sur ce qu'il endure dans son Sacrement : « *Je ne reçois en retour de la plupart que des ingratitudes par les froideurs, les rebuts, les mépris, les sacrilèges et les profanations.* — Et la douce Victime ajoute : *Cela m'est plus pénible que tout ce que j'ai enduré dans ma Passion !* »

C'est Lui-même qui le dit.

Cela fait comprendre la gravité et la multiplicité de l'offense.

Mais où est la RÉPARATION EUCHARISTIQUE, où les ZÉLATEURS DE SA SAINTETÉ ?

PRIÈRE

Ô divin Outragé ! saint Offensé ! aimable Oublié ! adorable Humilié ! voici quelques âmes, qui touchées de vos plaintes, s'engagent par profession, malgré leur indignité, mais comptant sur votre grâce, à réparer les offenses qui vous atteignent au Sacrement, par les principaux moyens suivants :

1° En vous offrant les sacrifices des vœux et des vertus de la vie religieuse.

2° En vous traitant avec tant d'amour, de délicatesse, de révérence, dans votre Eucharistie, que ce vous soit une compensation aux mauvais traitements qui vous offensent ailleurs.

3° En étudiant toutes les blessures faites à votre Cœur, toutes les offenses commises contre votre adorable personne, avec la passion du médecin qui veut détruire, arrêter, adoucir du moins le mal d'un malade bien-aimé. À ce dessein tout adorateur est tenu de consacrer la troisième partie de chacune de ses heures d'adoration à la réparation eucharistique. Et s'il vous aime, ô Victime si digne d'être aimée, sa plus chère occupation sera bientôt de ne plus penser qu'à vos peines ; et l'esprit de réparation, la sainte tristesse, deviendront l'atmosphère de sa vie entière.

4° En faisant connaître, aimer et honorer votre Sacrement, ce qui amènera les âmes en grand nombre à réparer les offenses passées et à en prévenir de nouvelles.

En agissant ainsi, cette humble famille eucharistique ne vous offret-elle pas, ô Cœur attristé, quelques-uns de ces retours, quelques-unes de ces réparations que vous demandiez à la Bienheureuse Marguerite Marie ? Dès lors, Ô JÉSUS EUCHARISTIE, aimez-la, protégez-la, bénissez-la cette Société de votre CŒUR !

HUITIEME JOUR

LE CŒUR DE JÉSUS VEUT ÊTRE PRIÉ AU TRÈS SAINT-SACREMENT.

« *Mon divin Cœur est si passionné d'amour pour les hommes, que ne pouvant plus contenir les flammes de son ardente charité, il faut qu'il se manifeste à eux pour les enrichir de ses précieux trésors qui contiennent les grâces dont ils ont besoin pour être tirés de la perdition.* »

ADORATION

La nécessité de prier, de demander à Dieu tous les secours dont nous avons besoin, est fondée sur notre INDIGENCE naturelle et sur la BONTÉ surabondante de Dieu, dont nous devons reconnaître et confesser l'inépuisable libéralité.

Mais il ne suffit pas de prier Dieu simplement, il faut le prier par NOTRE-SEIGNEUR JÉSUS-CHRIST et le prier en NOTRE-SEIGNEUR, car Dieu a voulu que la plénitude de sa divinité habitât en lui, afin de se rapprocher de nous, de se rendre plus accessible à nos prières ; et il l'a consacré en même temps comme l'unique pontife parfait et tout puissant de l'humanité. JÉSUS-CHRIST est à la fois le propitiatoire et le sanctuaire de Dieu, et notre PRÊTRE, notre MÉDIATEUR auprès de

Lui. L'EUCHARISTIE contenant réellement seule ici-bas, le Verbe incarné, c'est dans l'Eucharistie, qu'il faut trouver Dieu pour le prier ; et c'est par le CHRIST EUCHARISTIQUE qu'il faut lui offrir toute prière. Seulement il est dans le Christ un foyer où réside proprement la bonté de Dieu, un organe par lequel elle s'exprime, une source d'où elle se répand : c'est le CŒUR DE NOTRE-SEIGNEUR. C'est donc finalement à son Cœur que nous devons nous adresser pour prier. Adorez-le, ce Cœur voilé par les espèces eucharistiques, foyer de toute bonté, trésor de tous les dons, autel des parfums de la prière.

ACTION DE GRÂCES

Se peut-il quelque chose de plus aimable et de plus tendre de la part de notre Dieu que de s'être fait un CŒUR et de nous obliger à PRIER PAR CE CŒUR ?

Si le cœur est le foyer de la bonté, de la pitié, de la compassion, du dévouement, des aumônes, des secours, Dieu en nous montrant son CŒUR si proche, si ouvert, si accessible, si facile à aborder, Dieu ne veut-il pas faire de la prière un VRAI BONHEUR pour l'homme ? — Si surtout nous nous souvenons que ce CŒUR a été créé exprès pour compatir à nos besoins, qu'il n'a passé par la souffrance, dit saint Paul, que pour devenir COMPATISSANT et savoir par expérience la douleur et la tentation ; si enfin nous nous le représentons tel qu'il parut à la Bienheureuse Marguerite-Marie, ne pouvant plus contenir le besoin de répandre ses grâces, son amour et ses miséricordes : ah ! que notre cœur se fonde de confiance et de reconnaissance à la vue de tant de bonté !

PROPITIATION

Malgré le précepte de prier pour obtenir, malgré toutes les avances de la bonté divine, malgré le besoin que nous avons de prier et les avantages de toute espèce que nous y trouvons, il est trop certain, hélas ! que l'on prie peu dans le monde et que l'on prie mal : surtout qu'ils sont rares ceux qui prient avec confiance Notre-Seigneur au Saint-Sacrement, et sont convaincus que son Cœur les comprend et ressent leurs nécessités ?

« *S'ils me rendaient quelque retour d'amour, j'estimerais peu tout ce que j'ai fait pour eux et voudrais, s'il se pouvait, en faire encore davantage, mais ils n'ont que des froideurs et des rebuts pour tous mes empressements !* »

Comprenez cette lutte entre la BONTÉ qui veut donner, faire du bien, — et la FROIDEUR qui ne s'y prête pas, qui s'y oppose même.

Ne pas prier Notre-Seigneur qui ne s'est tant rapproché de nous au Sacrement, que pour être plus facilement prié ; ne pas frapper à son Cœur confiants en sa tendresse, sa sensibilité, son dévouement, c'est donc Lui faire INJURE en méconnaissant son amour, sa puissance, ses droits ; c'est Lui faire VIOLENCE, en l'empêchant de faire du bien ; en le tenant dans une impuissance, une stérilité pénible pour Lui, qui voudrait tant agir, travailler, sauver et parfaire ainsi l'œuvre de son Père !

PRIÈRE

La Société du T. S. Sacrement s'engage à la prière perpétuelle. La vie de ses membres est essentiellement une vie de prière. Tous doivent s'y dévouer à ce que son vénéré Fondateur appelle « la prière apostolique ». Cet apostolat de la prière, il le place dans son estime au-dessus de celui de la parole, et le jugeant plus nécessaire, il l'impose à tous.

La quatrième partie de chaque adoration de nuit et de jour est spécialement consacrée à la prière pour tous les intérêts du Pontife de l'Eucharistie.

Puis, c'est Notre-Seigneur lui-même au Sacrement que la Société s'engage à prier, « à faire travailler », selon une autre expression du Père ; elle veut le manifester dans sa bonté, dans sa puissance, dans son action, dans sa nécessité, pour que tous recourent à Lui.

Et l'apostolat de la parole, chez elle, doit aboutir à cela seul : mettre les âmes en présence de Jésus, les encourager et les instruire à prier directement Jésus lui-même, à s'adresser à son Cœur là où il brûle du désir d'être compris et prié : au Sacrement de sa présence et de sa vie.

N'est-ce pas répondre au désir du divin Cœur ?...

Une raison encore, pour qu'il aime et protège cette petite famille de son Eucharistie : priez-le donc pour elle !

NEUVIÈME JOUR

CONFIANCE ! CONFIANCE ! CONFIANCE !

La B. Marguerite Marie parlant de la dévotion au Sacré-Cœur écrivait : « *Faites en sorte que les personnes religieuses l'embrassent, car elles en retireront tant de secours qu'il ne faudrait pas d'autre moyen pour établir la première faveur, la plus exacte régularité dans les Communautés les moins bien réglées, et pour porter au comble de la sainteté celles qui vivent dans la plus exacte régularité.* »

ADORATION

Puisque ces assurances sont pour tous les religieux, elles s'adressent évidemment à la Société qui a des rapports si nombreux, si directs, si étroits avec le Sacrement du Cœur vivant de Jésus.

Aussi la conclusion de cette neuvaine doit-elle être de nous donner plus que jamais À L'AMOUR ET AU SERVICE DE JÉSUS DANS L'EUCHARISTIE, en nous consacrant tout spécialement à son Cœur. Ce sera le moyen de nous mettre dans le centre le plus profond, dans le foyer le plus vivifiant de notre vocation.

La vocation nous oblige d'abord à appartenir à la Personne du Christ Eucharistique, à lui être personnellement présent avec toute la perfection possible, par l'union, la cohabitation, la conversation, par l'identité des pensées, des vues, des peines et des joies.

Or qu'est-ce que Le CŒUR DE JÉSUS DANS L'HOSTIE ? Le centre de la vie qu'y mène l'Homme-Dieu, le foyer de son amour, de son action, et le fondement de toutes les vertus qu'il manifeste par son état Eucharistique.

Si donc nous établissons notre demeure dans ce CŒUR ADORABLE, nous entrons dans le SAINT DES SAINTS DE L'HOSTIE, DANS CE QU'IL Y A EN ELLE DE PLUS VIVANT : nous nous établissons en elle, si parfaitement, si profondément, qu'il ne se peut davantage.

C'est là vraiment le *Manete in me, manete in dilectione mea* : car où est le centre de la personne de Jésus ? où est la source profonde de son amour, sinon dans son Cœur ?

Habiter dans ce Cœur, s'y tenir, y revenir sans cesse pour s'y retremper, c'est donc bien : « Demeurer en Jésus, demeurer dans son amour, » en toute perfection.

Puis notre vocation nous oblige à faire de l'amour la règle souveraine, le premier principe de toute notre vie : vie religieuse avec ses obligations et ses sacrifices, vie d'adoration, apostolat : tout doit être uniquement embrassé, tenu et pratiqué pour le plus grand amour du Très Saint-Sacrement. Or quel peut être le principe, le foyer et l'aliment d'un tel amour ? Évidemment LE CŒUR DE JÉSUS, premier et universel foyer de l'amour surnaturel...

Donc, en nous établissant par une solide dévotion dans le CŒUR DE JÉSUS au Saint-Sacrement, nous nous mettons dans le meilleur et le plus puissant moyen de notre vocation. Adorez ces vérités et surtout ce CŒUR EUCHARISTIQUE devenant le centre de votre demeure dans l'Hostie, et le moyen principal, l'organe de votre service d'amour.

CONFIANCE !

ACTION DE GRÂCES

Goûtez la douceur, la suavité, le bonheur, qu'il y aurait pour vous à demeurer dans ce Cœur qui s'appelle *Bonitatis oceanus, Misericordiæ thronus, Infinite amans et infinite amandum* ;

Dans ce Cœur où saint Jean, à la Cène, a goûté le repos du ciel, compris toutes merveilles de l'amour, et conquis à jamais l'amitié privilégiée de son bon Maître ;

Dans ce COEUR de Jésus qui dit à la Bienheureuse Marguerite Marie : *Qu'il ne peut retenir les flammes de son amour, et qu'il veut les répandre ;*

Dans ce Cœur du Maître qui vous a appelés, par votre vocation eucharistique, à le servir personnellement, exclusivement, dans sa présence réelle ici-bas, et qui, par conséquent, vous chérit comme son gardien, son serviteur, son adorateur, son consolateur, son ami des bons et des mauvais jours. Ah ! que le Cœur du bon Maître, qui a soif d'être honoré et aimé des hommes au Sacrement, doit aimer la pauvre petite âme qui, triomphant de son indignité personnelle par sa confiance en la miséricorde, fait profession unique d'amour, d'honneur, de service envers le Roi d'amour, sacrifiant tout à cette mission, à cette tâche glorieuse !

CONFIANCE !

PROPITIATION

Entrez dans les sentiments de compassion, de commisération, de condoléance, de pitié, que réclame le CŒUR DE JÉSUS « *abandonné, trahi, délaissé, méprisé par les siens.* » Les siens ce sont d'abord tous ceux que le baptême lui a donnés ; puis ceux qui se sont liés à lui par une profession particulière de piété parfaite dans le siècle ; enfin, ceux que les liens sacrés de la vie religieuse ou du sacerdoce lui rattachent plus étroitement ; il aime tous les siens, mais les plus aimés, les plus comblés lui tiennent de plus près au cœur. Or, même parmi ceux-ci, il en est qui le trahissent !

Essayez de comprendre cette douleur en songeant à la peine que vos propres abandons, vous qui avez été tant aimé, ont causé au très aimable Cœur du Sauveur.

Songez surtout que ce qui est le plus fréquent, c'est l'abandon, l'oubli, la méconnaissance que l'on commet à l'égard du CŒUR DE JÉSUS dans le T. S. SACREMENT. Ailleurs, dans ses images, on l'honore volontiers ; mais là, sous ces voiles, dans sa vie, dans sa réalité, dans sa sensibilité, dans son amour personnel, presque personne ne l'honore, ne lui est sensible et délicat !

Ah ! établissez-vous, entrez, enfoncez-vous autant que vous le pourrez dans la pitié, la douleur, la compassion que cette vue doit produire dans votre âme. C'est cette vue qui fait la vraie dévotion au Sacré-Cœur, laquelle est AMOUR et RÉPARATION. Que votre vie d'adorateur tout entière Lui soit offerte en RÉPARATION, en COMPENSATION, en CONSOLATION. Mais conduisez tout cela aussi directement que possible à Lui, à travers les voiles de sa présence !

Faites ainsi et vous verrez la contrition, les saintes larmes, l'amour, l'amour généreux et sacrifié, jaillir spontanément en votre cœur.

Oh ! alors surtout, CONFIANCE !

PRIÈRE

Renouvelons notre consécration personnelle et perpétuelle au CŒUR DE JÉSUS DANS L'EUCHARISTIE.

Demandons la grâce d'avoir des dispositions en rapport avec cette très sublime consécration.

Considérons-nous 1° comme liés au Cœur de Jésus, par notre profession de vie religieuse et adoratrice ; comme habitant dans ce Cœur, au centre même de la sainte Hostie ;

2° Comme chargés de l'adorer, de l'aimer, de le remercier, de le consoler, de le mettre en œuvre par la prière, et de lui tenir compagnie ;

3° Vous vous souviendrez qu'il veut avoir besoin de vous ; que vos fautes et vos oublis lui sont incomparablement plus sensibles que venant des autres ;

4° Qu'il vous aime tout particulièrement, que vous avez des droits, des titres tout spéciaux sur lui, et que vous pouvez compter sur sa fidélité, son assistance, sa miséricorde, plus que les autres ;

5° Outre votre intention habituelle d'honorer dans tout ce que vous faites le Cœur adorable, vous devriez faire au moins une fois la semaine — le vendredi — une adoration directe au Sacré-Cœur de Jésus dans l'Eucharistie. Dans chacune de vos adorations, ayez quelque hommage spécial pour le Cœur de Jésus.

6° Enfin, vous serez l'adorateur d'abord, puis l'apôtre de l'union du Cœur de Jésus et de l'Eucharistie, ou du Cœur de Jésus dans l'Eucharistie, ne confondant pas en théorie les deux dévotions distinctes de l'Eucharistie et du Sacré-Cœur, mais croyant et prêchant à tous que la dévotion parfaite, vivifiante et fructueuse envers le Sacré-Cœur est celle qui l'honore au Saint-Sacrement, par tous les devoirs que la religion inspire pour le Saint-Sacrement lui-même adoration, culte, messe, communion.

7° Vous renfermerez souvent, tous les jours, toujours, dans le Cœur de Jésus Hostie la famille Eucharistique tout entière, et toutes les fois qu'un besoin plus pressant fera demander des prières pour elle, c'est au CŒUR DE JÉSUS, à ses sollicitudes, à ses tendresses, à son spécial amour pour elle, que vous la recommanderez.

L'ADORATION DU SACRÉ-CŒUR

**AU CŒUR DE JÉSUS DANS L'EUCHARISTIE
CŒUR VRAIMENT DIVIN ET VRAIMENT HUMAIN
CŒUR TOUJOURS VIVANT AU TABERNACLE
TOUJOURS IMMOLÉ À L'AUTEL
TOUJOURS DONNÉ À LA TABLE SAINTE :
ADORATION À SES GRANDEURS
ACTION DE GRÂCE POUR SES BIENFAITS
RÉPARATION
POUR NOS INGRATITUDES
SUPPLICATION POUR TOUS NOS BESOINS !**

I. ADORATION

« Une fois que le Saint-Sacrement était exposé, Jésus-Christ, mon doux Maître, se présenta à moi tout éclatant de gloire, avec ses cinq plaies brillantes comme cinq soleils, et de cette sacrée humanité sortaient des flammes de toutes parts, mais surtout de son adorable poitrine, qui ressemblait à une fournaise, laquelle s'étant ouverte, me découvrit son tout aimant et aimable Cœur, qui était la vive source de ces flammes. »

— PAROLES DE LA B. MARGUERITE-MARIE.

Jésus, mon Sauveur et mon Dieu véritablement et réellement présent sur cet autel, permettez-moi, je vous prie, de pénétrer à travers les apparences de votre Sacrement, jusqu'à votre Cœur adorable... Le voilà ! Il anime votre humanité sainte qui vit en l'Eucharistie ; je l'ai trouvé ! Vous avez un Cœur, ô Sacrement de Jésus ! C'est votre Cœur qu'à cette heure je veux étudier et comprendre pour vous louer, vous adorer, vous aimer davantage ! Ô bonheur ! le Cœur de Jésus est là, dans sa vie, dans sa force, dans son amour, dans sa béatitude ! Là, dans l'Hostie qui repose au ciboire ; là, dans l'Hostie que le prêtre divise au sacrifice ; là, dans l'Hostie que j'ai reçue ce matin à la Table-Sainte ; là, là enfin vous êtes dans cette Hostie qui rayonne en l'ostensoir, ô Cœur très saint, et, bien que mes yeux soient arrêtés par le voile du Sacrement, ma foi vous voit, mon cœur vous sent ; je vous crois, je vous aime, je vous adore présent et vivant dans cette trop aimable Eucharistie, lieu béni de votre présence, trône de vos miséricordes, ma Bethléem, mon Nazareth, mon Thabor, mon Cénacle, mon Calvaire et mon Ciel !

Je vous adore, Cœur véritablement divin et Cœur véritablement humain ; vous êtes le Cœur de Jésus mon Dieu et le Cœur de Jésus mon frère : deux abîmes de grandeurs ineffables et d'amabilités infinies !

Cœur de Jésus, fils du Père éternel, vous êtes uni personnellement à la seconde Personne de la Sainte-Trinité ; le Verbe vous possède, vous habite, vous pénètre, vous remplit ; vous êtes son Cœur ! Cette union personnelle et vivante vous rend tout sien pour jamais et le rend vôtre pour toujours : vous êtes le Cœur du Verbe, le Cœur de Dieu !

Par cette union si étroite et si profonde, que la mort même n'a pu rompre, vous acquérez toute la grandeur, toute la perfection, toute la puissance, tous les droits de Dieu lui-même. Aussi je vous adore, Cœur divin de Jésus, majestueux de la majesté même de Dieu ; saint de la sainteté même de Dieu ; bon de la bonté même de Dieu ; puissant de la puissance même de Dieu.

C'est par vous désormais que Dieu nous aime ; vous êtes devenu l'organe de l'amour infini : Cœur de Jésus, Cœur unique et bienaimé du Père ; Cœur de Jésus, Cœur ardent du Saint-Esprit et sa demeure choisie ; Cœur de Jésus, sanctuaire auguste de la Trinité sainte, Cœur de Jésus, Cœur de Dieu, je vous adore, je vous adore !

Je vous adore de l'adoration qui n'est due qu'à Dieu ; je vous aime de l'amour souverain, que Dieu seul mérite ; je vous loue de toutes les louanges dont Dieu se loue lui-même, dans le concert de l'auguste Trinité.

Et vous n'êtes pas moins adorable, ô Cœur vraiment humain, Cœur de Jésus, fils de la Vierge Marie.

Vous êtes le Cœur par excellence : tout ce que Dieu, dans sa sagesse et dans sa puissance, voulut mettre de grand, de bon, de fort, de doux, d'actif et d'intelligent dans le cœur de l'homme, dont il fit la partie maîtresse de la plus noble de ses créatures, votre Cœur le renferme en perfection ; il est l'idéal et le type éternel du cœur humain dans la double splendeur de sa nature et de sa déification par la grâce.

Cœur de Jésus, vous avez été enrichi, dès votre création, de tous les trésors de la sagesse et de la science, de toutes les grâces et de toutes les vertus.

Votre science vous dévoile toutes les pensées, toutes les intentions des anges et des hommes ; tous les secrets de la nature et tous les mystères de la grâce sont ouverts devant vous ; je vous ouvre mon cœur, que votre science pénètre déjà de son regard ; je veux que rien ne vous y soit caché, ô Cœur très vigilant de mon Maître et de mon Guide !

Toutes les grâces, tous les dons, toutes les effusions de la sainteté sont en vous dans leur plénitude ; vous êtes substantiellement sanctifié, et la substance même de la sainteté, ô Cœur de Jésus, mon Modèle et mon Sanctificateur !

Et toutes les vertus, toutes les perfections, tous les héroïsmes, votre Cœur les a pratiqués pendant sa vie, pour mon salut ; aujourd'hui, dans l'Eucharistie, il m'en donne la grâce ; demain, au Ciel, leur souvenir sera ma joie et le thème de mes louanges !

Et votre Cœur n'a pas été créé, ni enrichi, ni sanctifié pour lui seulement ; il est la cause universelle de toute vertu, le foyer de la vie surnaturelle et le Cœur même de l'Église.

Toute bonne inspiration vient de votre Cœur ; tout bon mouvement naît d'abord en lui et c'est de cette source qu'il descend dans nos Cœurs. Aucun acte n'est vertueux et méritoire que par l'union qu'il a avec la vie, la vertu, la sainteté de votre Cœur.

Et quand, à vos grandeurs divines et à vos amabilités humaines, vous ajoutez, par un surcroît d'amour, les bontés ineffables de l'Eucharistie, Cœur infiniment doux de Jésus, je ne sais comment vous louer, vous bénir et vous aimer assez ! J'adore donc votre état eucharistique. Je crois qu'en l'Hostie vous jouissez de la vision et de la possession de Dieu, sans trêve ni mesure ; mais je crois aussi que vous y avez pris un état, choisi des conditions qui vous condamnent à des anéantissements sans nom ; vous vous voilez, vous faites taire tout ce qui pourrait vous manifester plus de ces regards où votre bonté brillait si doucement ; plus de ces paroles où votre miséricorde s'épanchait si tendrement ; plus de ces actes sublimes où votre amour se montrait si victorieusement ; plus de ces merveilles où votre puissance éclatait si magnifiquement ; vous vous êtes enveloppé d'obscurité, de silence, d'impuissance : et c'est dans cet état que vous vous livrez à nous dans le Sacrement, ô Cœur de Jésus !

Ah ! je saurai vous y trouver, et, comprenant que ces excès d'humiliation ne sont que des excès d'amour, je vous adorerai plus fidèlement, je vous chanterai plus joyeusement, je vous aimerai plus cordialement. À votre Cœur dans le Sacrement, à ses grandeurs, à ses amabilités, à sa présence, à son amour : adoration, louange, honneur, maintenant et dans les siècles des siècles !

II. ACTION DE GRÂCES

« Une fois, étant devant le Saint-Sacrement, je me sentis tout investie de cette divine présence, et Notre-Seigneur me dit : « Mon divin Cœur est si passionné d'amour pour les hommes, que ne pouvant plus contenir en lui-même les flammes de son ardente charité, il faut qu'il les répande, et qu'il se manifeste à eux pour les enrichir de ses précieux trésors. »

— RÉVÉLATION À LA B. MARGUERITE-MARIE.

Le cœur est fait pour aimer, et votre Cœur, ô Jésus, ce Cœur que Dieu a voulu se donner à lui-même, n'a jamais fait, depuis son premier battement, qu'aimer, et m'aimer !

Toute la vie du Verbe incarné n'est qu'amour ; mais cet amour qui, infini dès son premier feu, semble cependant grandir toujours, c'est votre œuvre, ô Cœur sacré de Jésus ! C'est vous qui le concevez, vous qui en entretenez le foyer, vous qui en poussez sans cesse la flamme au-dehors : cet amour, c'est vous ! Vous avez beau être enfermé dans la poitrine de Jésus, vous recouvrir du manteau du Sacrement, vous entourer de gloire : dans votre vie mortelle, en l'Eucharistie, comme au Ciel, c'est vous que je vois, vous que j'entends, vous que je sens dans tout ce que dit, dans tout ce que fait, dans tout ce qu'est Jésus !

C'est vous, Cœur sacré, qui répandiez dans le mystère de Bethléem, où l'amour incarné parut pour la première fois, ces charmes si doux, ces attraits si puissants qui captivent nos cœurs ! Vous, qui vous donniez dans les sourires et les baisers et les regards dont l'enfant récompensait sa Mère !

C'est votre Cœur sacré qui accepta, qui sanctifia et nous rendit salutaires les trente années passées à Nazareth dans l'obéissance et le travail.

C'est votre Cœur qui vainquit au désert le démon et nos tentations dans un acte d'amour et d'adoration ; c'est votre Cœur qui multiplia les pains pour nourrir la multitude en détresse ; c'est lui qui, attendri à la vue de toutes les misères humaines, multipliait les prodiges pour les secourir ; c'est votre Cœur qui s'émut des pleurs de la veuve de Naïm, et lui rendit son fils unique ; lui, qui vous fit tressaillir et pleurer avec Madeleine sur le cadavre de Lazare ; lui, qui vous attendrit jusqu'aux larmes sur l'endurcissement de votre patrie : votre Cœur aimait si véritablement, si tendrement, si généreusement !

C'est de votre Cœur que sortirent toutes les paroles de lumière, de pardon et de consolation qui remplissent l'Évangile ; c'est lui qui disait à la Samaritaine : « Si tu savais le don de Dieu ! » ; à Madeleine : « Va en paix, tes péchés te sont remis ! ; » au larron : « Aujourd'hui tu seras avec moi en paradis ! » ; à tous les pécheurs, à tous ceux qui souffrent, à tous ceux qui pleurent, à tous ceux qui sont chargés et qui succombent : « Venez à moi, et je vous referai ! »

C'est votre Cœur qui fit votre passion et votre mort : c'est lui qui vous livra silencieux et doux au baiser de Judas, aux soufflets et aux verges des soldats, aux condamnations de Pilate, à l'ignominie et au supplice de la croix ; et c'est lui encore qui vous inspira avant de mourir de prier pour vos bourreaux et de nous donner Marie pour notre mère !

Et dans toutes les œuvres fondées par le Verbe incarné, c'est encore l'amour qui est le but, et c'est le Cœur de Jésus qui nous aime !

Il nous aime dans cette Église établie pour la vie du monde et dont il nous a faits les enfants ; il nous aime, dans le Pape à qui il a donné la parole de l'infaillible vérité et le pouvoir des pardons sans limites. Et je sais que si, un jour, les portes du ciel s'ouvrent devant moi, c'est à vous que je le devrai, Cœur très miséricordieux de Jésus, dont la sollicitude active et patiente me conduit, me soutient et me ramène toujours. — Et dans ce séjour de la félicité, que sera votre Cœur, sinon l'amour encore ? un amour qui se satisfait pleinement, et se répand sans mesure.

Cœur de Jésus ! de votre vie et de votre mort, de votre Église et de votre trône, je ne reçois qu'amour. Mais le foyer de tous ces amours dont les flammes me vivifient, votre Cœur lui-même, ne me le donnerez-vous pas aussi ? Ce désir est peut-être téméraire, ayant déjà tant reçu ? Ah ! pardonnez-moi ! mais je ne puis plus retenir mon cœur qui vous crie : « Donnez-moi votre Cœur, ô Jésus, ou ne me donnez rien ! Notre amour sans votre Cœur me serait un supplice intolérable, qui me ferait mourir de désir ! »

Et vous m'avez répondu ! « Prenez et mangez-en tous, ceci est mon corps, ceci est mon sang ! » Et l'Eucharistie m'a livré votre Cœur ! Je le tiens, je le possède, je ne le laisserai point aller !

Il est à moi dans le bienfait d'une présence réelle, universelle et perpétuelle, avec toutes les vertus de sa vie, et toutes les sécurités qu'apporte la présence du juste, du saint, du Sauveur ! — Il est à moi dans le bienfait d'un sacrifice de valeur infinie qui me donne chaque jour toutes les satisfactions, tous les mérites, tous les fruits de sa Passion et de sa mort. — Il est à moi surtout dans le bienfait de la communion qui abaisse les dernières barrières et me livre tout entier ! Il est à moi, je l'ai reçu, je l'ai mangé, il devient moi-même ! Il m'attend et sa joie est de se donner à moi !

Et je suis venu aux jours de mon innocence, et j'ai reçu le Cœur de Jésus ; et je suis revenu après mes égarements, et le Cœur de Jésus n'a pas refusé de se donner à moi ! Tant que je vivrai, je me souviendrai des joies de ma première communion ; et je chanterai éternellement les douceurs du banquet où Jésus fêta mon retour ! Cœur de Jésus, c'est vous qui faisiez l'éclat et les charmes de l'une ; c'est vous qui répandiez dans l'autre une telle assurance du pardon, que mon âme, y oubliant le triste passé, s'ouvrit à l'espérance et comprit qu'elle pouvait vivre d'amour, puisque vous l'aimiez ! Et ce Cœur que je reçus alors, je peux le recevoir tous les jours ; il est bien à moi ! Il est mon pain quotidien ; il est ma vie, mon cœur enfin, pour me sanctifier véritablement et me conduire sûrement au bonheur sans fin ; mais Jésus, ô Jésus ! « qu'est-ce donc que l'homme pour que vous le visitiez ainsi et appliquiez de la sorte votre Cœur contre son cœur ? »

III. AMENDE HONORABLE

La Bienheureuse étant à genoux, les yeux fixés sur le Tabernacle, Notre-Seigneur lui apparut sur l'autel, et lui découvrant son Cœur :

« Voilà ce Cœur qui a tant aimé les hommes, qu'il n'a rien épargné, jusqu'à s'épuiser et se consumer pour leur témoigner son amour ; et en reconnaissance, je ne reçois de la plupart que des ingratitudes, par leurs irrévérences et sacrilèges, et par les froideurs et mépris qu'ils ont pour moi dans ce Sacrement d'amour. »

— RELATION À LA B. MARGUERITE-MARIE.

Si l'histoire des bienfaits du Cœur de Jésus oblige à la reconnaissance, la vue de ses douleurs est faite pour pénétrer d'amour et de compassion.

Depuis son aurore jusqu'à l'heure où elle s'éteignit sur le Calvaire, la vie du Cœur de Jésus a été un martyre. Dieu l'avait créé pour souffrir et lui avait donné, en même temps que la mission de la souffrance, toutes les aptitudes pour la bien remplir.

« Père, dit-il en entrant dans ce monde, vous ne voulez plus des victimes de la loi : me voici ! » La vision de sa Passion et de sa mort futures, la vue du péché et de l'oubli de Dieu, le triomphe du mensonge, l'adoration de Satan étaient des glaives enfoncés dès l'origine dans le Cœur de Jésus et que son zèle pour la justice retournait constamment dans la plaie. Rebuté à Bethléem, exilé en Égypte, méconnu à Nazareth, sa vie publique fut constamment contredite, travestie, calomniée : venir le cœur ouvert, les bras étendus pour aimer, pour sauver à force d'amour, et se voir sans cesse méconnu et repoussé, quel supplice pour le Cœur d'un Sauveur, tel que vous, ô Jésus !

Puis la Passion vint, précédée de l'agonie terrible. Là vous fûtes triste à mourir, ô Cœur de mon Jésus, saisi d'épouvante, abreuvé d'amertume ; là vous connûtes les nausées du dégoût et les défaillances du découragement !

Et la trahison de Judas, et la fuite des apôtres, et le reniement de Pierre, vinrent frapper leurs coups perfides sur ce Cœur du plus fidèle des amis ! — Et il entendit les cris de la haine, poussés contre lui, ce Cœur qui n'avait jamais su qu'aimer ! — Il rencontra sa Mère sur sa route d'ignominie, et il dut la laisser aux soins d'un autre, ce Cœur du plus tendre des fils ! Et, quand toute la terre fut contre lui, son Père l'abandonna : et sous l'étreinte de cette suprême douleur, il laissa s'échapper sa vie dans un cri d'angoisse ! Et afin qu'il fût déclaré à tous les siècles qu'il était mort accablé de douleurs et d'insultes, un forcené, le traversant d'une lance, grava d'un trait indélébile le dernier outrage sur ce Cœur déjà percé de tant de coups !

Après de telles souffrances et de telles ignominies, n'est-il pas bien juste, ô Cœur de Jésus, que vous jouissiez à jamais de la félicité et de la gloire ? Et en effet, depuis qu'il a repris son mouvement au matin de Pâques, ce Cœur ne bat plus que pour s'ouvrir par des tressaillements d'allégresse, aux flots de joie qui découlent en lui de la jouissance béatifique. La carrière de la souffrance physique et de la tristesse morale lui est fermée ; et, non plus en l'Eucharistie qu'au Ciel, le Cœur de Jésus ne peut souffrir.

Néanmoins sa bonté d'un côté, notre malice de l'autre trouvent le moyen de lui refaire une passion et une mort perpétuelles, au Saint-Sacrement : la passion et la mort de l'humiliation et de l'ingratitude.

Il s'y est choisi par amour un état d'anéantissement et de sujétion qui cause à son Cœur tant d'humiliations et d'opprobres, que seul il peut nous en révéler la profondeur :

« Voilà ce Cœur qui a tant aimé les hommes, qu'il n'a rien épargné jusqu'à s'épuiser, et se consumer pour leur témoigner son amour : et en reconnaissance je ne reçois de la plupart que des ingratitudes, par leurs irrévérences et sacrilèges, et par les froideurs et mépris qu'ils ont pour moi dans ce Sacrement d'amour. Et cela m'est beaucoup plus sensible que tout ce que j'ai souffert dans ma Passion ; d'autant que s'ils me rendaient quelque retour d'amour, j'estimerais peu tout ce que j'ai fait pour eux et voudrais, s'il se pouvait, en faire encore davantage. Mais ils n'ont que des froideurs et du rebut pour tous mes empressements. »

« Toi du moins, disait Jésus à la confidente de son Cœur, donne-moi cette joie de suppléer autant que tu le pourras à leur ingratitude. »

Doux Sauveur, malgré mon indignité, malgré la part que j'ai prise aux ingratitudes qui vous blessent si cruellement, je veux, par votre grâce et votre amour, vous consoler, réparer et suppléer.

Je vous fais amende honorable pour cette ignorance où sont tant de chrétiens sur la présence de votre sacré Cœur en l'Eucharistie : ils ne veulent pas savoir que vous y avez un cœur ; que ce Cœur est plein de vie, et brûlant d'amour pour eux ; et ils vous traitent comme un objet qui n'a pas de cœur : entrant dans vos églises sans respect, s'y tenant sans piété, passant devant vous sans vous saluer, parlant et riant insolemment ! Et il est un nombre plus grand encore de baptisés, pour lesquels vous n'existez même pas dans l'Eucharistie, vous dont le Cœur veille sur eux, protège leur vie, et les couvre devant les coups de la Justice divine, irritée par leur apostasie ! Et parmi les bons, combien ont pour la présence de votre Cœur cette foi, cet amour qui rendent pieux, délicat, plein d'attentions cordiales et religieuses ? Qui traite votre Cœur comme le plus sensible et le plus tendre des cœurs ?

Je vous fais amende honorable pour tous les péchés dont votre Cœur est atteint dans le Saint-Sacrifice de la Messe. Tant de chrétiens refusent d'assister à la Messe, même le dimanche, aimant mieux se souiller d'un péché mortel, que de donner à votre Cœur la satisfaction qu'il aurait à les combler des fruits de votre mort ! Et parmi ceux qui y assistent, si peu pensent à votre Cœur, à son agonie, à ses angoisses, aux opprobres qu'il subit en sa Passion, aux abaissements qu'il accepte dans ce sacrifice ! — Mais, s'il y a de mauvais prêtres qui se changent en bourreaux et qui profitent de la puissance qu'ils ont de vous tenir dans leurs mains, pour vous insulter de plus près : Cœur de Jésus ! qui réparera le crime de cette trahison, qui vous consolera des hontes de cette heure cruelle ?

Je vous fais amende honorable pour tous les péchés qui viennent outrager votre Cœur dans la communion. — Là même, dans cette rencontre où il se livre avec tant d'amour, que d'humiliations, quels rebuts, quels traitements pour votre Cœur ! Pardon pour tous ceux qui repoussent ce don de votre Cœur au jour de Pâques ! Pardon pour ceux qui négligent de le recevoir fréquemment quand leur sainteté est à ce prix ! Pardon pour les communions sacrilèges où votre Cœur très pur, condamné au contact de cœurs corrompus, subit une honte pire que le baiser de Judas ! Pardon pour les communions tièdes, où l'affection au péché véniel, l'amour du monde, la lâcheté dans le sacrifice vous disputent l'amour de nos cœurs !

Je vous fais enfin amende honorable pour les traitements indignes auxquels est si souvent soumise l'Hostie de votre Cœur ! Ils la touchent de leurs mains pleines de larcins, ils la haïssent et la foulent sous leurs pieds ; ils l'emportent dans leurs repaires, vestibules d'enfer, et elle devient le jouet de leurs railleries, la victime de leur rage diabolique : et jusque dans ces Hosties profanées, votre Cœur, ô Jésus, ne cesse de vivre, de se taire et d'aimer !

Mais pardon surtout pour notre ingratitude qui est la mère de toutes ces froideurs, de toutes ces irrévérences et de tous ces crimes commis contre le Sacrement de votre amour : vous nous aimez, et nous ne vous aimons pas ; vous nous nourrissez et nous vous méprisons ; vous nous comblez d'honneur et nous vous rabaissons par notre conduite : Cœur de Jésus vous êtes l'amour, nous sommes l'ingratitude !...

IV. · PRIÈRE

Je leur donnerai toutes les grâces nécessaires dans leur état. — Je les consolerai dans leurs peines. — Je répandrai d'abondantes bénédictions sur toutes leurs entreprises. — Les pécheurs trouveront dans mon Cœur la source et l'océan infini de la miséricorde. — Les âmes tièdes deviendront ferventes. — Les prêtres auront l'art de toucher les cœurs les plus endurcis et leur ministère produira, même en ce qui regarde le salut et la perfection de chacun d'eux, des fruits au-delà de leurs espérances. — Mon divin Cœur sera un lieu de refuge pendant la vie et principalement à l'heure de la mort.

— PROMESSES DU SACRÉ-CŒUR.

S'il est un sentiment qui naisse spontanément en l'âme dès qu'elle connaît votre Cœur, ô Jésus, c'est celui de la confiance. « Mon cœur sera là, dans le sanctuaire, aviez-vous dit autrefois ; il y sera tous les jours, pour écouter la prière de tous ceux qui viendront prier dans ce lieu de mon choix. » Et votre Cœur est là !

C'est le Cœur du souverain Médiateur qui se tient sur l'autel, entre le ciel et la terre, pour pressentir nos besoins, recevoir nos prières et les porter au trône de Dieu : comment ce Pontife très saint, qui a payé de son sang les grâces qu'il demande, pourrait-il n'être pas toujours écouté ?

C'est le Cœur de l'Auteur même et du souverain Maître de tous les biens ; il peut donner librement et comme il veut, et autant qu'il veut, et à qui il veut, car ce qu'il donne lui appartient : qui donc, ô Jésus, pourrait manquer de confiance dans votre Cœur tout puissant ?

C'est le Cœur d'un Sauveur dont la mission est de soulager toutes nos souffrances, de relever toutes nos misères, de secourir tous nos besoins, de pardonner toutes nos fautes : et pour la remplir parfaitement, il a été fait de même nature que nos cœurs ; il a contracté les mêmes obligations, éprouvé les mêmes affections, ressenti les mêmes peines, enduré les mêmes souffrances : tout cela, afin d'apprendre par expérience à compatir à nos infirmités et à se faire un cœur de miséricorde infatigable !

Aussi est-il le Cœur universel, le Cœur de tous les hommes, le Cœur du monde entier : il a été ouvert sur la croix, et il reste ouvert dans l'Eucharistie, afin que nous y puissions tous entrer : il est si grand que tous y ont leur place ; si vigilant que rien ne se passe qu'il ne le sache ; si sensible qu'il semble être le Cœur de tous, éprouvant en lui-même ce que tous éprouvent !

C'est sur ces titres que j'appuie ma prière, ô Jésus, et je sais que vous ne les nierez pas.

Cœur de Jésus, Époux de l'Église, qui l'avez aimée jusqu'à la faire naître de votre côté ouvert et qui la nourrissez de votre chair, donnez-lui la paix ; étendez son empire et rendez-lui son autorité sociale sur les nations chrétiennes !

Cœur de Jésus, Pasteur éternel, qui aimez votre Vicaire suprême, et demeurez ici-bas jusqu'à la fin pour l'inspirer et le soutenir, rendez au Pape la liberté de son ministère et ses États, et gardez longtemps Léon XIII à notre amour !

Cœur de Jésus, Évêque de nos âmes et source du sacerdoce, qui aimez vos prêtres jusqu'à leur donner le droit de vous immoler chaque jour, donnez aux Évêques et aux prêtres le zèle qui vous fait connaître et la sainteté qui vous fait aimer !

Cœur de Jésus, Époux des Vierges et le premier religieux de votre Père, qui aimez les religieux jusqu'à habiter sous leur toit pour leur donner l'exemple et la grâce de leur saint état, je vous prie pour tous les religieux : sanctifiez-les en vérité !

Je vous prie pour mes parents et tous mes bienfaiteurs, Cœur de Jésus, le plus aimant, le plus reconnaissant et le meilleur des fils !

Je vous prie pour les petits enfants, et pour les jeunes gens qui vont courir les dangers de la vie : gardez leur innocence ; avivez leur foi ; donnez-leur le courage chrétien ; faites-vous aimer d'eux, Cœur de Jésus, Cœur de père et Cœur de mère qui nous avez engendrés dans votre mort, qui nous abreuvez de votre sang et qui nous suivez partout pour nous défendre toujours !

Je vous prie pour tous les pauvres pécheurs, Cœur de Jésus, hostie de propitiation pour leurs crimes, Victime sainte qui vous immolez chaque jour à l'autel pour leur salut !

Je vous prie pour les agonisants, Cœur de Jésus, qui nous gardez dans le Viatique les fruits salutaires de votre agonie et de votre mort !

Je vous prie pour tous ceux qui pleurent, pour les persécutés et pour les délaissés, Cœur très compatissant, qui avez connu l'amertume des larmes et qui êtes si délaissé dans votre Sacrement !

Je vous prie pour la France : donnez-lui un gouvernement chrétien ; protégez-y toutes les institutions qui vous servent ; je vous en prie, Cœur de Jésus qui avez tant aimé notre patrie, et qui avez fait à la France la miséricordieuse révélation de votre Cœur !

Cœur de Jésus qui aimez toutes les âmes, je vous prie pour celles qui gémissent dans le purgatoire et je vous offre les mérites de cette adoration pour leur soulagement !

Je vous prie enfin pour moi-même ; mes besoins sont immenses ; ouvrez sur moi les yeux de votre Cœur ! Armez-vous de patience ; poussez la bonté jusqu'à ses dernières limites ; soyez indulgent sans mesure ! Cœur de Jésus, c'est uniquement par votre grâce que j'espère être fidèle aux devoirs de ma profession ; courageux au sacrifice, attaché à la correction de mes défauts ; patient dans l'épreuve et persévérant jusqu'à la fin dans votre amour !

Accordez-moi, Cœur très bon, de me souvenir toujours que vous êtes présent et vivant pour moi dans l'Hostie ; que vous continuez pour moi sur l'autel votre Passion et votre mort ; et que vous voulez vous donner réellement à moi dans la sainte communion. Je vous y recevrai donc souvent, et en particulier le premier vendredi de chaque mois, selon votre désir. Et je ne serai satisfait que quand je pourrai m'écrier en vérité : J'ai trouvé mon Cœur : *Inveni cor meum ut orem Deum meum !* J'ai trouvé votre Cœur pour vous aimer, Jésus ; pour aimer Dieu, pour aimer Marie, pour aimer mes frères ; pour prier, pour travailler et pour souffrir ; j'ai trouvé votre Cœur pour vivre en chrétien, en saint, et mériter la vie de l'éternel amour !

CONSÉCRATION AU CŒUR DE JÉSUS

Ô Cœur sacré de Jésus, je vous crois, vous révère et vous adore véritablement, réellement, substantiellement, présent au Saint-Sacrement ! C'est par vous que le Sacrement est vivant, c'est par vous qu'il est aimant : car c'est vous qui animez la vie du corps très saint de Jésus, où vous versez sans cesse les flots vermeils de son sang glorieux ; car c'est vous qui êtes le foyer et l'organe de l'immense amour qui a institué et qui perpétue l'Eucharistie !

Je viens me consacrer à vous, ô Cœur de mon Dieu, d'une manière explicite et solennelle, afin d'appartenir plus parfaitement et d'être attaché par un lien de plus à l'Adorable Personne de Jésus que vous livrez, si aimante et si digne d'être aimée, à mes hommages et à mes adorations dans le Sacrement d'amour. Je vous donne ma personne, ma vie, mes actions, mes peines, mes mérites, le présent et l'avenir, tout ce que j'ai, tout ce que je suis, tout ce que je serai à jamais, confiant aussi à votre miséricorde mon passé avec ses fautes innombrables. Je vous consacre, donne, confie et recommande surtout, ô Cœur du Maître très bon et très vigilant, ma vocation eucharistique, mes devoirs d'adorateur et ma persévérance au service de l'adorable Personne de Jésus !

Je vous supplie de me prendre, de m'enfermer en vous, et de me permettre d'y vivre, d'y habiter, d'y demeurer à jamais : car vous êtes le centre de la sainte Hostie, le Saint des Saints de ce temple auguste et vivant ! Refermez sur moi les humbles voiles qui vous recouvrent et vous dérobent aux regards comme aux atteintes des hommes ! Que par le recueillement des sens et du cœur, par l'humilité et le détachement de tout le créé, je vive tellement en vous, fixé en vous, caché en vous, que ni les séductions du monde, ni les traits de Satan ne me puissent atteindre !

Ce que vous attendez de moi, ce que vous daignez désirer avec ardeur, c'est que je vous aime personnellement pour vous-même, et que je préfère à tout d'être à vos pieds, de vous louer et de m'occuper de vous : *manete in me, manete in dilectione mea*. Je le veux aussi, j'y prétends comme à la portion la plus exquise de mon héritage, comme à l'œuvre la plus méritante et la plus importante de ma vie. C'est pour cela que je vous demande de m'enfermer et de me fixer en vous, ô Cœur vivant ! Et là, remplissez-moi, pénétrez-moi, consumez-moi d'amour, après m'avoir purifié, dégagé, délivré de toute autre affection, afin que je vous puisse aimer et ne faire que vous aimer ! Donnez-moi de la sympathie, de la tendresse, de la compassion, de la générosité, de l'ardeur et du dévouement pour vous ! Que je vous console et vous dédommage par mes adorations et mon culte des mépris, par ma reconnaissance des ingratitudes, par mes ferventes communions des sacrilèges, par mes assiduités des délaissements, par mes prévenances et mes empressements des rebuts et des indignités que vous subissez au Sacrement !

Ô Cœur de feu, prenez, pénétrez, changez et transformez mon cœur ; rendez-le capable de vous aimer assez pour vous faire oublier l'injure de tous ceux qui ne vous aiment pas !

Puis, Cœur très saint, sanctuaire de toutes les vertus, communiquez à mon cœur vos instincts, vos tendances, vos attraits et vos répugnances ! Vous êtes le principe de toutes les vertus dont l'état eucharistique est l'enseignement permanent et touchant : soyez aussi le principe de toute ma vie spirituelle. Que j'aime et pratique votre humilité en l'Hostie, votre douceur en l'Hostie, votre patience en l'Hostie, votre obéissance, votre pauvreté, votre pureté, votre modestie, votre silence, votre charité et votre dévouement en l'Hostie, afin que ma vie soit digne du Maître de l'Hostie que je sers, et conforme à ses enseignements ! Faites de moi, je vous en conjure, un saint adorateur en esprit et en vérité, en qui vous puissiez trouver vos complaisances, vos satisfactions, votre gloire !

Allumez en mon cœur le zèle très pur de votre ardente charité pour les âmes que par l'apostolat silencieux de la prière d'abord, puis par tous les moyens de l'apostolat actif je devienne un utile soldat du règne eucharistique, infatigable au travail, généreux au sacrifice, oublieux de lui-même dans le succès, ne cherchant autre chose sinon que le Dieu du Sacrement soit connu, aimé, adoré ici-bas sur le trône de son humilité, comme il l'est au ciel sur le trône de sa gloire !

Et maintenant, ô Cœur très bon, je vous consacre, autant qu'il est en moi, la Société ma mère bien-aimée et la famille eucharistique à laquelle j'appartiens. Soyez ma caution envers elle pour tout ce que je lui dois ! C'est elle qui m'a donné à vous : c'est elle qui vous donne à moi ! À mon tour je vous la donne, je vous la recommande avec des instances filiales ! Cœur de Jésus, Cœur de l'Hostie, aimez-la ! Plaisez-vous en cette Épouse de votre amour ! Recevez beaucoup de gloire de cette Servante de votre royauté sacramentelle ! Couvrez-la de votre protection ! Soyez son refuge dans la tempête, l'asile de son repos, le moyen de son unité, soyez sa force ! Et qu'en vous, par vous, avec vous, elle accomplisse la mission d'amour et de salut que vous lui avez confiée pour la gloire de votre Sacrement, le service de l'Église et le bien des âmes !

Cœur infiniment aimant de Jésus-Hostie, qui avez soif d'être aimé des hommes dans le Sacrement, je vous aime ! je vous aime ! je vous aime à jamais !

Vierge Immaculée, Notre-Dame du Saint-Sacrement, vous qui désirez tant que ce Dieu caché, qui est votre Fils, la chair de votre chair, l'unique amour de votre cœur très pur, soit honoré et aimé, suppléez à mon insuffisance, faites-moi part de vos vertus, et que par votre maternelle intercession je sois rendu digne de lui plaire et fidèle à son service !

Bienheureuse Marguerite-Marie, vous qui avez révélé au monde l'amour du Cœur de Jésus dans l'Hostie et fait entendre ses désirs ardents et ses plaintes touchantes, priez pour moi !

Père bien-aimé, apôtre de l'Eucharistie et législateur du service eucharistique, obtenez-moi d'aimer, d'adorer et de servir comme vous, jusqu'à mon dernier soupir, le Roi du Sacrement au grand Cœur !

AMENDE HONORABLE AU SACRÉ-CŒUR

Cœur sacré de Jésus, Cœur de mon Créateur et de mon Sauveur, Cœur de mon Roi et de mon Ami, je vous adore présent et vivant dans le Saint-Sacrement, et je confesse que vous êtes l'Amour, que vous n'êtes qu'Amour. Je reconnais que vous avez tous les droits d'être aimé, que vous en déclarez la volonté expresse et en manifestez le désir ardent, nous faisant de vous aimer le premier et le plus sacré des devoirs, et voulant que nous trouvions à vous aimer la sainteté la plus parfaite pour notre vie, la consolation la plus douce pour nos épreuves, la félicité la plus assurée pour nos cœurs !

Je crois fermement que vous n'avez été formé du plus pur sang de Marie que pour être le foyer créé de l'Amour éternel et infini, l'instrument parfait pour le communiquer au monde sous la forme sensible du dévouement, de la sollicitude, de la compassion et du bienfait ; et je confesse à votre gloire, que depuis votre création vous n'avez cessé de nous aimer, en inspirant au Sauveur les vertus, le zèle, les travaux et les sacrifices de sa sainte vie, qui s'est épuisée tout entière à notre bien.

Je reconnais, avec un redoublement de reconnaissance, ô Cœur très aimant, que vous avez redoublé d'amour et vous êtes porté à des excès, en lui inspirant de nous sauver par sa mort ; en soutenant sa patience, sa douceur, sa clémence à travers les plus indignes traitements et les plus horribles souffrances ; et en poussant son sang adorable à toutes les issues des plaies qui couvraient son corps adorable, afin de le répandre pour nous jusqu'à la dernière goutte !

Mais, ô Cœur trop aimant, c'est dans l'admiration et la stupeur que je confesse que vous aviez atteint les dernières limites du possible de l'amour, quand, au moment où le Sauveur devait quitter ceux que vous lui aviez déjà tant fait aimer ici-bas, vous l'avez porté à cet acte héroïque, à cette folie sublime de reprendre, sous la forme matérielle d'un humble sacrement, une existence qui ne finirait qu'avec les siècles ; de perpétuer l'immolation de sa sainte vie dans la mort de l'anéantissement sacramentel ; et de se faire, Lui, leur Créateur et leur Maître, la nourriture de ses créatures et de ses esclaves, dans les conditions du pain le plus vulgaire !

Majesté, dignité, droits, prérogatives, liberté, puissance, beauté, splendeur, attraits et charmes vainqueurs de la divinité du Fils de Dieu et de l'humanité du Fils de Marie, ô Cœur dont l'amour est déchaîné, vous l'avez poussé à tout sacrifier, à tout immoler au besoin inexplicable, à la passion incompréhensible que vous aviez de nous aimer, et, pour cela, de demeurer partout avec nous, sans embarras pour nous, d'être immolé sans horreur, et d'être mangé sans répugnance !

Et là, Cœur d'insatiable amour, dans ce Sacrement qui est votre Œuvre et votre chef-d'œuvre, votre honneur et votre gloire, vous nous aimez d'un amour personnel et immédiat, aimant chacun de nous comme s'il était seul à aimer, vous livrant à chacun comme s'il était seul à nourrir. Vous poursuivez chacune de nos âmes pour la saisir, l'étreindre, la posséder seul à seule et lui démontrer, en lui livrant son Dieu et son Sauveur tout entier, que la vie et les mérites, la passion et la mort de cet Homme-Dieu, ainsi que les longs siècles de sa persévérance au Tabernacle, étaient bien pour elle, pour elle seule, puisqu'elle est le terme où tout cela aboutit, l'abîme où tout cela se perd !

Ah ! Jésus ! je comprends qu'arrivé à ce dernier degré, ayant atteint cette puissance, votre amour soit un incendie dévorant et votre poitrine un brasier ardent dont votre Cœur est l'inextinguible foyer ; et que, quand vous le révélez, en soulevant devant les yeux ravis de votre sainte confidente les voiles eucharistiques, ce soit au milieu de torrents de flammes, lesquelles vous consument sans vous épuiser, et s'élancent, pour se répandre, avec une impétuosité que rien ne pourra désormais contenir !

Ô Cœur aimant ! Cœur d'amour, foyer de tous les amours du Dieu et de l'Homme, Cœur aimable par conséquent de toutes les amabilités créées et incréées, Vous méritez donc d'être aimé de toutes les puissances de nos âmes purifiées et embrasées des ardeurs de la charité surnaturelle. Vous méritez d'être aimé pour vous-mêmes, sans autre raison sinon que vous êtes ce que vous êtes : l'amour même, — d'être aimé par tous et partout, toujours, au ciel et sur la terre ; — d'être aimé par tous les moyens qui manifestent, prouvent et donnent l'amour les hommages, les dons, le dévouement, le travail, les vertus, les sacrifices, la souffrance, l'effusion du sang et le martyre ! — Vous méritez d'être aimé plus que tous les plus chers, plus que tout ce qui est le plus aimable, et d'être préféré à tout, sans hésitation, sans conteste, sans comparaison ! — Enfin, vous méritez d'être aimé avec tendresse, avec enthousiasme, avec passion, sans réserve, sans mesure, toujours plus, sans fin !

Mais quoi ! j'entends une voix plaintive et gémissante, un cri de détresse et de désolation, monter de la grotte de l'Agonie, sortir du Prétoire et descendre du Calvaire ! « Au lieu de m'aimer, ils m'ont poursuivi pour me nuire... Ils m'ont haï d'une haine toute gratuite !... J'ai été criblé de coups et percé de plaies dans la maison de ceux que j'aimais !... Mes amis et mes proches se sont éloignés de moi ; et j'ai été rejeté du cœur des miens comme un mort, qu'on oublie !... Mon peuple, à mon peuple ! que t'ai-je fait de mal, en quoi t'ai-je attristé ? Qu'ai-je dû faire, au contraire, pour ton bien que je n'aie point fait ?... Non ! Tout le long du jour je tends en vain les bras vers un peuple qui me contredit et me rejette !... J'ai cherché quelqu'un pour s'attrister avec moi, un cœur compatissant pour me consoler, et je ne l'ai point trouvé !...... »

Mais voici que plus près de nous, sortant de nos Tabernacles, la même voix, plus attristée encore s'il est possible, a répété sa plainte et donné passage à l'amertume d'une inconsolable douleur :

« Voilà ce Cœur qui a tant aimé les hommes qu'il n'a rien épargné jusqu'à s'épuiser et se consumer pour leur témoigner son amour !... Et, en reconnaissance, je ne reçois de la plupart que des ingratitudes par leurs sacrilèges et leurs profanations, par les rebuts et les froideurs qu'ils ont pour moi dans le sacrement de mon amour ?... Cela m'est plus pénible que tout ce que j'ai souffert dans ma Passion !... J'ai soif d'une soif ardente d'être aimé des hommes dans le Saint-Sacrement, et peu s'efforcent de me désaltérer, en usant envers moi de quelque retour... Toi du moins, efforce-toi de me consoler !... »

Ô Cœur aimant et haï ! Cœur aimable et méconnu ! Cœur très pur et profané ! Cœur adorable et méprisé ! Cœur ardent et rebuté ! je m'humilie et me prosterne devant vous, l'âme navrée, le cœur contrit, la face couverte de confusion, et je reconnais très humblement avec toute la douleur dont je suis capable, que vos plaintes ne sont hélas ! que trop fondées. Que faire ? sinon m'abaisser, confesser mon ingratitude monstrueuse et vous demander pardon, vous prier, vous conjurer de ne pas vous lasser et de me faire miséricorde ?

Je vous demande pardon pour moi-même d'abord car, tant aimé de vous, j'ai été ingrat, je vous ai rebuté, méprisé, délaissé et trompé ! — Ô Cœur de Celui qui sait tout, ne vous ai-je jamais profané en vous condamnant à descendre dans mon âme sacrilège ? — Misérable que je suis ! Créature sans cœur, cœur sans pitié ! Je n'ai pas su comprendre l'Amour, j'ai été insensible à l'Amour, j'ai rebuté, méprisé, trahi, profané l'Amour !... J'ai été dur, grossier, indiscret, infidèle, perfide, traître et félon envers le Cœur loyal, le Cœur vrai, le Cœur bon, le Cœur confiant et abandonné du meilleur des Amis, envers votre Cœur, ô Jésus, mon Dieu et mon Père, mon Sauveur, mon Frère et mon Époux !

Ô Cœur d'infinie clémence, d'infatigable miséricorde et d'obstiné amour, ayez pitié de moi une fois encore ! Donnez-moi encore un peu de temps et ne me condamnez pas comme je mériterais de l'être à l'instant même ! Faites davantage, et par un effort qu'à Vous seul j'ose demander, forcez-moi à vous aimer ! Oui même par la peine, l'épreuve et la souffrance, obligez-moi enfin à vous rendre, en votre Sacrement, amour pour amour, fidélité pour fidélité, sacrifice pour sacrifice, tendresse pour tendresse, confiance pour confiance, don pour don, enfin tout pour tout !

Que je comprenne tout ce que vous me donnez au Sacrement, afin d'y répondre par un juste retour : à la présence perpétuelle de mon Dieu par ma présence assidue, avec les hommages du respect et les splendeurs du culte ; à son immolation sur l'autel par l'abnégation, le sacrifice et la mortification ; au don quotidien de sa chair adorable, par ma fidélité à le recevoir chaque jour et mon empressement à me rendre digne de ce festin des Anges.

Pardon pour mes frères, pour les contempteurs de votre Don, les négateurs de votre Amour, les profanateurs de votre Sacrement ! Tout ce qu'ils font souffrir à votre Cœur par leur éloignement, leur endurcissement et le péril de leur perte éternelle, où ils courent en aveugles, je le déplore, j'en gémis, j'en ressens l'humiliation, l'amertume et la désolation ! Mais cette peine m'est chère parce qu'elle m'unit à la vôtre ; je veux me purifier et vous aimer par une fidélité plus exacte à tous mes devoirs, pour mériter de la ressentir davantage, pour être rendu capable de vous en offrir une consolation plus efficace et une compensation plus parfaite.

Laissez venir sur moi une partie du fardeau qui vous écrase sous les espèces sacramentelles, rendues si lourdes par le poids de l'ingratitude universelle, ô Cœur trop chargé !

Ouvrez, approfondissez, dilatez mon cœur, ô Jésus, souverain maître des cœurs, et versez-y le trop plein de votre amour, les amertumes de l'ingratitude, les tristesses de l'infidélité, les désolations du délaissement, les humiliations et les ignominies des trahisons, des désertions, du sacrilège et de la profanation !

Et pour que cette prière ne soit pas pression creuse d'une velléité sans consistance, je m'engage solennellement en la présence de Dieu et de tous ses saints à accepter avec résignation, sans me plaindre, en esprit de réparation, et pour répondre à vos désirs manifestes, ô Cœur qui avez soif d'être consolé, toutes les peines, souffrances, contradictions, déceptions et humiliations qui m'arriveront. C'est bien peu, je le sais ; mais je vous prie de le vouloir agréer, ô Cœur condescendant, qui ne rejetez rien de ce qui vous est offert par une âme sincère ! Donnez-moi votre grâce, animez-moi de votre amour, afin que je puisse renouveler chaque jour plus purement ce sacrifice de propitiation, que je vous offre par le Cœur immaculé de Marie, transpercé des glaives de la compassion parfaite et sans mesure !

LITANIES DU SACRÉ-CŒUR DE JÉSUS

Seigneur, ayez pitié de nous.
　　Jésus-Christ, ayez pitié de nous.
Seigneur, ayez pitié de nous.
Jésus-Christ, écoutez-nous.
Jésus-Christ, exaucez-nous.
Dieu le Père, du haut des Cieux, ayez pitié de nous.
Dieu le Fils, Rédempteur du monde, ayez pitié de nous.
Dieu le Saint-Esprit, ayez pitié de nous.
Trinité sainte, qui êtes un seul Dieu, ayez pitié de nous.
Cœur de Jésus, uni substantiellement au Verbe, ayez pitié de nous.
Cœur de Jésus, sanctuaire de la divinité, ayez pitié de nous.
Cœur de Jésus, temple de la Sainte Trinité, ayez pitié de nous.
Cœur de Jésus, abîme de sagesse, ayez pitié de nous.
Cœur de Jésus, océan de bonté, ayez pitié de nous.
Cœur de Jésus, trône de miséricorde, ayez pitié de nous.
Cœur de Jésus, trésor qui ne s'épuise jamais, ayez pitié de nous.
Cœur de Jésus, de la plénitude duquel nous avons été enrichis, ayez pitié de nous.
Cœur de Jésus, notre paix et notre réconciliation, ayez pitié de nous.
Cœur de Jésus, modèle de toutes les vertus, ayez pitié de nous.

Cœur de Jésus, infiniment aimant et infiniment digne d'être aimé, ayez pitié de nous.

Cœur de Jésus, source d'eau qui jaillit jusqu'à la vie éternelle, ayez pitié de nous.

Cœur de Jésus, objet des complaisances du Père céleste, ayez pitié de nous.

Cœur de Jésus, propitiation pour nos péchés, ayez pitié de nous.

Cœur de Jésus, rempli d'amertume à cause de nous, ayez pitié de nous.

Cœur de Jésus, triste jusqu'à la mort dans le jardin des Oliviers, ayez pitié de nous.

Cœur de Jésus, rassasié d'opprobres, ayez pitié de nous.

Cœur de Jésus, blessé d'amour, ayez pitié de nous.

Cœur de Jésus, percé par la lance, ayez pitié de nous.

Cœur de Jésus, épuisé de sang sur la croix, ayez pitié de nous.

Cœur de Jésus, brisé de douleur à cause de nos péchés, ayez pitié de nous.

Cœur de Jésus, maintenant encore outragé par des hommes ingrats dans le Très Saint-Sacrement de votre amour, ayez pitié de nous.

Cœur de Jésus, refuge des pécheurs, ayez pitié de nous.

Cœur de Jésus, force des faibles, ayez pitié de nous.

Cœur de Jésus, consolation des affligés, ayez pitié de nous.

Cœur de Jésus, persévérance des justes, ayez pitié de nous.

Cœur de Jésus, salut de ceux qui espèrent en vous, ayez pitié de nous.

Cœur de Jésus, espérance des mourants, ayez pitié de nous.

Cœur de Jésus, doux appui de tous vos adorateurs, ayez pitié de nous.

Cœur de Jésus, délices de tous les saints, ayez pitié de nous.

Cœur de Jésus, notre aide dans les tribulations qui ont fondu sur nous, ayez pitié de nous.

Agneau de Dieu, qui effacez les péchés du monde, pardonnez-nous, Seigneur.

Agneau de Dieu, qui effacez les péchés du monde, exaucez-nous, Seigneur.

Agneau de Dieu, qui effacez les péchés du monde, ayez pitié de nous. Jésus-Christ, écoutez-nous.

Jésus-Christ, exaucez-nous.
Jésus, doux et humble de cœur,
Rendez notre cœur semblable au vôtre.

PRIONS

Seigneur Jésus-Christ, qui par un nouveau bienfait, avez daigné ouvrir à votre Église les richesses ineffables de votre Cœur, faites que nous puissions rendre amour pour amour à ce Cœur adorable et, par de dignes hommages, réparer les outrages dont l'ingratitude des hommes ne cesse de l'abreuver. Nous vous le demandons, à vous qui vivez et régnez dans tous les siècles des siècles.

Ainsi soit-il.

LITANIES DU SAINT-SACREMENT

SEIGNEUR, ayez pitié de nous.
Jésus-Christ, ayez pitié de nous.
Seigneur, ayez pitié de nous.
Jésus-Christ, écoutez-nous.
Jésus-Christ, exaucez nous.
Père céleste, qui êtes Dieu, ayez pitié de nous.
Fils Rédempteur du monde, qui êtes Dieu, ayez pitié de nous.
Esprit-Saint, qui êtes Dieu, ayez pitié de nous.
Trinité sainte qui êtes un seul Dieu, ayez pitié de nous.
Verbe fait chair, ayez pitié de nous.
Verbe habitant parmi nous, ayez pitié de nous.
Pain vivant descendu du ciel, ayez pitié de nous.
Pain mystérieux qui nous voilez un Dieu Sauveur, ayez pitié de nous.
Pain au-dessus de toute substance, ayez pitié de nous.
Pain qui donnez la vie au monde, ayez pitié de nous.
Agneau sans tache, ayez pitié de nous.
Nourriture des anges, ayez pitié de nous.
Froment des élus, ayez pitié de nous.
Nourriture de ceux que vous conviez au festin, ayez pitié de nous.
Hostie sainte, ayez pitié de nous.

Oblation pour les péchés du monde, ayez pitié de nous.
Prêtre et victime, ayez pitié de nous.
Sacrifice perpétuel, ayez pitié de nous.
Sacrifice non sanglant, ayez pitié de nous.
Calice de bénédiction, ayez pitié de nous.
Vin qui faites germer les vierges, ayez pitié de nous.
Manne cachée, ayez pitié de nous.
Mystère de foi, ayez pitié de nous.
Sacrement vivifiant et redoutable, ayez pitié de nous.
Miracle étonnant, ayez pitié de nous.
Prodige de l'amour divin, ayez pitié de nous.
Lien de charité, ayez pitié de nous.
Mémorial des merveilles de Dieu, ayez pitié de nous.
Commémoration de la Passion du Christ, ayez pitié de nous.
Viatique de ceux qui meurent dans le Seigneur, ayez pitié de nous.
Gage précieux d'immortalité, ayez pitié de nous.
Gage assuré de la gloire future, ayez pitié de nous
Soyez-nous propice, pardonnez-nous, Seigneur.
Soyez-nous propice, exaucez-nous, Seigneur.

De l'indigne réception de votre corps et de votre sang, délivrez-nous, Seigneur.

De l'occasion du péché, délivrez-nous, Seigneur.

Par l'ardente charité qui vous a fait instituer ce sacrement, délivrez-nous, Seigneur.

Par votre sang précieux que vous nous avez laissé sur l'autel, délivrez-nous, Seigneur.

Par les cinq plaies que vous avez reçues sur votre corps sacré, délivrez-nous, Seigneur.

Pécheurs, nous vous en supplions, exaucez-nous.

Agneau de Dieu qui effacez les péchés du monde, pardonnez-nous, Seigneur.

Agneau de Dieu qui effacez les péchés du monde, exaucez-nous Seigneur.

Agneau de Dieu qui effacez les péchés du monde, ayez pitié de nous.

Christ, écoutez-nous.

Christ, exaucez-nous.

V. Que le Seigneur se souvienne de notre sacrifice.
R. Et que notre holocauste lui soit agréable.

PRIONS

Ô DIEU, qui nous avez laissé dans un admirable sacrement le souvenir de votre passion, accordez-nous, nous vous en prions, de vénérer si profondément le mystère sacré de votre corps et de votre sang, que nous éprouvions sans cesse les fruits de la rédemption que vous avez opérée. Vous qui vivez et régnez avec Dieu le Père, dans l'unité du Saint-Esprit, Dieu dans tous les siècles des siècles.

R. Ainsi-soit-il.

Également disponible

Copyright © 2025 by ALICIA EDITIONS
Crédits image : Canva, Wikipédia Commons L'image traditionnelle du Sacré-Cœur de Jésus, par Pompeo Batoni (1767), en l'église del Gesù de Rome.
https://fr.wikipedia.org/wiki/Sacr%C3%A9-C%C5%93ur_de_J%C3%A9sus#/media/Fichier:SacredHeartBatoni.jpg
Tous droits réservés

www.ingramcontent.com/pod-product-compliance
Lightning Source LLC
LaVergne TN
LVHW092009090526
838202LV00002B/67